SIMPLE
RÉPONSE

A MESSIEURS

…l'Institut.	9. JOMARD, de l'Institut.
…id.	10. Général MELLINET.
…id.	11. EDOUARD MONNAIS.
…siteur.	12. NIEDERMEYER, compositeur.
…GER, président.	13. EDOUARD RODRIGUES, vice-présid.
…	14. AMBROISE THOMAS, de l'Institut.
…NOD, compositeur.	15. VARCOLLIER.
…de l'Institut.	16. MEYERBEER.

…mission de surveillance de l'enseignement du chant, dans les écoles
communales de Paris.

ET A MESSIEURS

…de l'Institut.	21. PASDELOUP, directeur de l'Orphéon.
…chef d'orch. de l'Opéra.	22. BAZIN, id.
…KASTNER, de l'Institut.	23. VERDI.
…UES, dir. de la *Maîtrise.*	

PAR

ÉMILE CHEVÉ

DOCTEUR EN MÉDECINE.

> « Tout calomniateur qui se tient dans le cercle de la
> sévère logique, ne manque à personne. Il n'y a
> qu'une seule vengeance à tirer de lui : c'est de
> raisonner mieux que lui.
>
> (XAVIER DE MAISTRE.)

PARIS
CHEZ L'AUTEUR, 18, RUE DES MARAIS-SAINT-GERMAIN.

AVRIL 1860.

SIMPLE

RÉPONSE

PARIS

IMPRIMERIE DE L. TINTERLIN ET Ce

Rue Neuve-des-Bons-Enfants, 3.

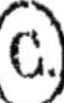

SIMPLE

RÉPONSE

A MESSIEURS

1. AUBER, de l'Institut.
2. CARAFA, id.
3. CLAPISSON, id.
4. ERMEL, compositeur.
5. VICTOR FOUCHER, président.
6. CASIMIR GIDE.
7. CHARLES GOUNOD, compositeur.
8. F. HALÉVY, de l'Institut.
9. JOMARD, de l'Institut.
10. Général MELLINET.
11. EDOUARD MONNAIS.
12. NIEDERMEYER, compositeur.
13. EDOUARD RODRIGUES, vice-présid.
14. AMBROISE THOMAS, de l'Institut.
15. VARCOLLIER.

Membres de la Commission de surveillance de l'enseignement du chant, dans les Écoles communales de Paris.

ET A MESSIEURS

16. BERLIOZ, de l'Institut.
17. DIETSCH, chef d'orch. de l'Opéra.
18. GEORGES KASTNER, de l'Institut.
19. J. D'ORTIGUES, dir. de la *Maîtrise*.
20. PASDELOUP, directeur de l'Orphéon.
21. BAZIN, id.

PAR

ÉMILE CHEVÉ

DOCTEUR EN MÉDECINE.

> Tout écrivain qui se tient dans le cercle de la sévère logique, ne manque à personne. Il n'y a qu'une seule vengeance à tirer de lui : c'est de raisonner mieux que lui.
>
> (XAVIER DE MAISTRE.)

PARIS

CHEZ L'AUTEUR, 18, RUE DES MARAIS-SAINT-GERMAIN.

AVRIL 1860.

A MON FRÈRE, AIMÉ PARIS,

ET

A MA FEMME, NANINE CHEVÉ.

Bons et bien chers amis,

Depuis vingt ans et plus, nous avons uni nos efforts et nos travaux pour perfectionner et vulgariser, au profit de tous, l'œuvre de J.-J. Rousseau et de Pierre Galin.

Depuis vingt ans, nous avons toujours obéi à la même idée, et nous avons toujours marché vers le même but : nous avons subi la même fortune.

Effrayés par les progrès de notre École, nos adversaires se décident enfin à entrer en lice, et débutent par un effort suprême !

Une phalange, réunissant des noms illustres à divers titres, et, entre autres, tous les membres, moins un, de la section musicale de l'Institut, vient de s'organiser, dans le but d'arrêter notre marche toujours croissante, de déconsidérer nos personnes, et, s'il se peut, de détruire l'œuvre de toute notre vie.

Par un motif que je ne comprends pas et que rien ne justifie, nos adversaires, sans doute pour essayer de rompre une solidarité cimentée par vingt ans de luttes incessantes sous le même drapeau, me séparent de vous, — mes aînés dans la carrière, — et c'est sur moi seul qu'ils font tomber tout le poids de leurs colères.

Eh bien ! qu'il soit fait selon leur volonté ! C'est moi seul qu'ils attaquent : seul, je relève le gant qu'ils me jettent ; seul, je soutiendrai l'honneur de notre drapeau et je défendrai notre cause commune.

Ayez donc confiance, amis ; je m'inspirerai de vous ; Dieu et le bon sens public aidant, l'École sortira encore victorieuse de cette lutte suprême, et notre indissoluble union, loin d'en être affaiblie, n'en sera que plus intime.

Toujours à vous,

Émile Chevé.

SIMPLE

RÉPONSE

HISTORIQUE.

Voilà vingt ans et plus que M. Aimé Paris, Mme Emile Chevé et moi, nous avons consacré notre vie au développement et à la vulgarisation des idées de J.-J. Rousseau et de Pierre Galin, pour rendre la lecture musicale un fait universel.

Soutenues et abandonnées tour à tour par plusieurs personnes, ces idées ont partagé le sort ordinaire des innovations : d'abord contestées ou niées, elles ont été repoussées par la majorité des hommes spéciaux, qui, comme cela arrive presque toujours, ont trouvé plus facile et plus expéditif de *condamner sans voir*, que d'*étudier d'abord* pour se prononcer ensuite en pleine connaissance de cause.

Convaincus de la puissance des moyens que l'on repoussait, la déconvenue de nos prédécesseurs ne nous a point arrêtés, et nous nous sommes mis résolument à l'œuvre. Fécondant les idées de nos maîtres, M. Aimé Paris et Mme Emile Chevé perfectionnèrent la méthode : le premier en imaginant la *langue des durées;* la seconde, en créant les *exercices pratiques.* C'est armés de l'instrument ainsi perfectionné que nous avons entrepris notre œuvre de propagation, œuvre que nous n'avons pas abandonnée un seul instant, depuis plus de vingt ans.

Longtemps nos travaux sont restés sans retentissement, à Paris, surtout (1).

---

(1) *Propagation orale d'Aimé Paris,* faite principalement en province et à l'étranger.

Avant de faire des cours réguliers de musique, M. Aimé Paris a fait pendant dix ans, dans chacune des villes où il a ouvert des cours de mnémotechnie — *et à titre d'essai* — *cinq leçons publiques et gratuites* d'exposition des idées de Galin. Voici à quelles époques et dans quelles villes :

1823. — Lyon. — Rouen. — Nantes.
1824. — Bruxelles. — Gand. — Anvers. — Louvain.
1826. — Bruxelles. — La Haye. — Amsterdam.
1827. — Lausanne. — Genève. — Bordeaux.
1828. — Lille. — Douai.
1829. — Orléans. — Amiens, — Le Havre. — Caen. — Strasbourg. — Metz. — Nancy. — Besançon.
1830. — Grenoble. — Marseille. — Aix. — Montpellier. — Toulouse. — Limoges. — Clermont-Ferrand. — Saint-Etienne.
1831. — Lyon. — Dijon. — Troyes. — Reims. — Rennes. — Brest. — Lorient. — Nantes. — Angers. — Poitiers. — Tours.
1832. — Rouen. — Boulogne-sur-Mer. — Dunkerque. — Saint-Quentin. — Laon. — Nîmes.
1833. — Avignon. — Toulon. — Marseille. — Lyon. — Grenoble.
1834. — Besançon,

N'ayant jamais acheté aucune publicité et n'en ayant demandé à personne, j'attendais patiemment que les centres que je créais par un travail incessant, pussent enfin rayonner jusqu'aux hommes qui pourraient nous prêter le concours de leur publicité.

A Paris, jusqu'au 22 janvier 1849, je n'avais fait que des cours particuliers, chez moi, ou dans certaines institutions, comme celle *des Frères* de la rue des Francs-Bourgeois, 10, au Marais, qui ont été les premiers à nous ouvrir spontanément leur porte. Nos travaux étaient si peu connus, que la plupart des hommes spéciaux les ignoraient. La Commission du chant de la Ville de Paris, seule, commençant à s'émouvoir de nos demandes d'expériences, augmentait le nombre de ses membres, tout en repoussant nos demandes de concours. Parmi les musiciens, ceux qui ne

---

En tout, *cinquante-quatre* expositions de cinq leçons chacune, donnant un total de *deux cent soixante-dix* leçons, faites de 1823 à 1834, dans quarante-six villes différentes, en France, en Belgique, en Hollande et en Suisse. — Ceci n'était que le préambule ; voici maintenant les cours complets :

De 1828 à 1860, dans une période de trente-deux ans, M. Aimé Paris a fait cent quarante-six cours de musique de quatre-vingts leçons chacun. Ces cours ont été faits dans les villes que je viens de signaler, et dans celles de Paris, Narbonne, Vauvert, Malines, Liége et Metz. De ces cent quarante-six cours, vingt-trois ont été gratuits, et ont été faits aux époques et dans les localités suivantes.

1828. — Paris. — Première application complète de la méthode.

1837 et 1838. — Bordeaux. — Trois cours : 1° Un aux enfants des écoles des Frères ; 2° un second à l'Ecole normale ; 3° le troisième aux ouvriers.

1839. — Lyon. — Un cours aux enfants des écoles chrétiennes.

1843. — Gand. — Un cours aux enfants des écoles communales, dont les neuf-dixièmes ne comprenaient pas un mot de français et ne parlaient que le flamand, que M. Paris ne connaît pas.

1844. — Liége. — Expérience sur les enfants des écoles communales.

De 1847 à 1850. — Rouen. — Huit cours gratuits : 1° Chez les Frères des écoles chrétiennes ; 2° au pensionnat de Mademoiselle Barcq ; 3° aux ouvriers ; 4° aux militaires ; 5° à l'école Saint-François (garçons) ; 6° à l'école Saint-François (filles) ; 7° à l'école Saint-André (garçons) ; 8° à l'école Saint-André (filles). — C'est à la suite de tous ces cours, et de concours comparatifs avec les élèves de l'ancienne méthode, que le Conseil municipal de Rouen a adopté la méthode Galin-Paris-Chevé, pour toutes les écoles communales, où elle est enseignée seule, depuis cette époque, sous l'habile direction de M. Paumier, professeur de l'ancienne école, converti à la nouvelle.

1851. — Paris. — Deux cours : Le premier à l'Ecole-de-Médecine (il alternait avec le mien) ; l'autre à Batignolles-Monceaux, sur la demande de l'autorité municipale.

1857. — Nîmes. — Deux cours pour les enfants des écoles chrétiennes.

1858. — Toulouse. — Un cours pour les enfants des écoles chrétiennes.

1858. — Narbonne. — Un cours dans la maison de M. Yven.

1859-1860. — Paris. — Deux cours : L'un à la caserne de Grenelle ; l'autre, rue de Crussol.

Ces vingt-trois cours gratuits, à quatre-vingts leçons chacun, donnent dix-huit cent quarante leçons qui, ajoutées aux deux cent soixante-dix leçons des cinquante-quatre expositions partielles, portent à deux mille cent dix le nombre des leçons gratuites, faites de 1823 à 1860, dans plus de cinquante villes différentes, et dans le seul but de répandre les idées de Galin, que M. Mercadier dit avoir découvertes en 1855 !...

A ce travail énorme de M. Aimé Paris, ajoutez la création d'un immense matériel de cours, imprimé par lui seul, sur toile et sur grand papier, et qu'un homme habile, travaillant d'arrache-pied, huit heures par jour, ne ferait pas en dix ans !

Ajoutez à cela des sommes fabuleuses dépensées depuis trente-trois ans dans la lutte, par cet athlète infatigable, et que lui-même ne saurait plus indiquer aujourd'hui ; ajoutez-y un travail incessant de jour et de nuit, qui éloigne toute possibilité de consacrer quelques instants, je ne dirai pas au plaisir, à la distraction, à la fréquentation des salons ou des antichambres ; mais au simple repos !... M. Aimé Paris n'en prend jamais ! Tout le monde sait cela. Et voilà, à ma connaissance, trente-trois ans que dure ce travail surhumain, exclusivement consacré à l'accomplissement d'une œuvre d'utilité générale !... Et, dans cette lutte incroyable, à laquelle il a tout sacrifié : temps, repos, fortune, M. Aimé Paris n'a pour soutien que sa foi inébranlable, son amour du bien et les chaleureuses sympathies de ses élèves... Jamais il n'a reçu aucun encouragement quelconque d'aucune administration... bien au contraire.

ÉMILE CHEVÉ.

nous ignoraient pas nous dédaignaient. Un *avocat* et un *médecin*, vouloir sé mêler de réformer l'enseignement de la lecture musicale!...

En janvier et en mars 1849, l'Association polytechnique m'offrait spontanément un cours public, rue du Renard-Saint-Merry, et la mairie du onzième arrondissement me priait, par l'organe de M. Magin-Marrens, maire-adjoint, de vouloir bien en faire un second, sous ses auspices, dans le grand amphithéâtre de l'Ecole-de-Médecine. Ceci fut une nouvelle phase pour notre œuvre de propagande : huit cents élèves, rue du Renard-Saint-Merry, et quatorze cents, à l'Ecole-de-Médecine, répondirent à l'appel de ces Messieurs ; car je ne me mêlai de rien.

Ces deux cours eurent un grand retentissement, et, peu de temps après, une *classe populaire* de chant fut créée au Conservatoire et confiée à un professeur de l'établissement. Vers cette époque, une nouvelle demande de concours fut non-seulement repoussée, mais regardée comme un prétexte suffisant pour condamner notre méthode, dont nous refusions d'accepter l'examen, séparé du concours comparatif, et pour publier à *plusieurs centaines de mille* le rapport qui, dans la prévision de ses auteurs, devait anéantir notre méthode et arrêter la vente de notre livre.

Les espérances de nos adversaires furent trompées; ce fut le rapport qui fut annihilé par le *Coup de grâce*, brochure que je lui opppsai.

Notre propagande continua, sur une plus grande échelle et plus active que jamais. Déjà, depuis la fin de 1847, un grand nombre de professeurs des écoles de la Ville, et des musiciens distingués étaient venus, de leur propre mouvement, étudier la méthode nouvelle *en action*, et lui avaient donné leur approbation écrite. Des centres nouveaux furent créés à Paris et en province, par ces musiciens ou par des élèves sortis des cours de M. Aimé Paris et des miens; dès lors, l'Ecole prit un développement plus rapide. Le Concours de 1853, où l'Ecole nouvelle affronta seule un programme qu'aucun orphéon n'ose encore affronter aujourd'hui, gagna à nos idées un grand nombre de musiciens éminents. Le ministre de la guerre fit faire une expérience à l'Ecole normale de gymnastique de Vincennes, et adopta la méthode pour l'établissement, où elle est florissante aujourd'hui. La marine militaire vit des cours se former à bord d'un grand nombre de ses bâtiments; des écoles laïques, des écoles de *frères*, des séminaires essayèrent le moyen nouveau et l'adoptèrent définitivement. Les cours publics continués en permanence, les séances publiques répétées chaque mois, l'appel de l'Ecole nouvelle pour les fêtes nationales, l'entrée de la méthode à l'Ecole préparatoire de Sainte-Barbe, à l'Ecole Normale supérieure, à l'Ecole polytechnique, etc., etc., tout cela finit par émouvoir au plus haut point les écoles officielles.

Enfin, vers la fin de 1858, M. le comte Sollohub, chambellan de S. M. l'Empereur de Russie, vint à mes cours, et y conduisit, en compagnie de Rossini, tous, ou presque tous ceux de ses illustres compatriotes qui étaient alors à Paris. Il fit, sur la méthode, une brochure qui eut un grand retentissement. Vers le même temps. M. le comte Joachim Murat connut également mes cours et les fit connaître à M. le comte de Morny, président du Corps législatif. M. le comte de Morny apprécia tellement les résultats qu'il avait vus, qu'il créa, sous sa haute présidence, une Société de patronage, dans le but d'aider à la vulgarisation de la méthode. Il fut secondé dans son œuvre par un grand nombre d'hommes éminents et de compositeurs illustres. Voici les noms des membres de cette Commission de patronage, que nous n'aurions point osé solliciter, mais que nous avons acceptée avec un grand bonheur et une profonde reconnaissance :

M. Le comte de Morny, président.

MM. Rossini,
Le prince Poniatowski, sénateur,   } vice-présidents.

MM. Le marquis Aguado,
Le comte Joachim Murat, député,   } secrétaires.

MM. Le comte Olympe Aguado.

Le général de division de Courtigis.

Félicien David, compositeur.

Le baron Paul Dubois, doyen de la Faculté de médecine.

Gevaert, compositeur.

Lefébure-Wély, compositeur.

Magin-Marrens, inspecteur-général de l'Instruction publique.

Edmond Membrée, compositeur.

Neukomm, compositeur.

Jacques Offenbach, compositeur.

Ravaisson, membre de l'Institut, inspecteur-général de l'Instruction publique.

Le marquis Sampieri, compositeur.

M. L'Épine, secrétaire-trésorier.

Ce fut le 7 juillet 1859 que, d'après l'invitation de M. le comte de Morny, j'annonçai officiellement à nos élèves, réunis dans le grand amphithéâtre de l'Ecole-de-Médecine, que *nous n'étions plus seuls*, et que, dorénavant, ce n'était plus avec nous seulement que nos adversaires auraient à compter.

Le cri de victoire de notre école eut pour écho un immense cri d'alarme dans l'école adverse. On comprit enfin que le dédain et les menées souterraines ne suffisaient plus pour conjurer le danger ; une croisade fut organisée contre nous, et l'un des principaux moyens d'action fut la publication successive de brochures destinées à nous combattre par tous les moyens possibles. On nous en avait annoncé de Paris, de l'Alsace, de l'Allemagne. Il devait, disait-on, y en avoir *trente !* Cela ne nous émut guères. — La première qui parut, sous le nom d'un accordeur de piano, avait à peine quelques semaines d'existence, que son auteur répondait, en police correctionnelle, d'un méfait qui n'était point musical. — C'était un mauvais début.

Cependant, l'idée marchait toujours ; la Commission de patronage, séparée par les vacances, se réunissait enfin pour organiser son œuvre ; j'étais appelé par S. M. l'Empereur de Russie ; il y avait péril en la demeure ; et c'est à ce moment que, sans aucune *transition*, à l'opposition insignifiante d'un obscur accordeur de piano, succéda l'opposition formidable de la brochure actuelle, signée de vingt et un noms, parmi lesquels figurent ceux de toute la section de musique de l'Institut, moins celui de l'honorable M. Henri Réber, le seul qui n'ait pas signé ce manifeste officiel. Voici la phalange illustre qui n'a pas dédaigné de se grouper pour combattre le pauvre et chétif médecin que l'on n'avait pas, jusqu'ici, cru devoir prendre au sérieux :

MM.

1. Auber, de l'Institut.
2. Carafa,   id.
3. Clapisson, id.
4. Ermel.
5. Victor Foucher, président.
6. Casimir Gide.
7. Charles Gounod.
8. F. Halévy, de l'Institut.
9. Jomard,   id.
10. Le général Mellinet.
11. Edouard Monnais.
12. Niedermeyer.
13. Edouard Rodrigues, vice-président.
14. Ambroise Thomas, de l'Institut.
15. Varcollier.

Membres de la Commission de sur-surveillance de l'enseignement du chant, dans les écoles communales de Paris.

MM.
16. Berlioz, de l'Institut.
17. Dietsch, chef d'orchestre de l'Opéra.
18. Georges Kastner, de l'Institut.
19. J. d'Ortigues, directeur, rédacteur en chef de la *Maîtrise*.
20. Pasdeloup, } directeurs de l'Orphéon.
21. Bazin, }

Merci, Messieurs, de l'insigne honneur que vous voulez bien me faire aujourd'hui ! J'en suis d'autant plus heureux que votre démarche solennelle, quoiqu'un peu tardive, prouve aux plus incrédules, que vous considérez enfin la question comme grave, comme très-grave, quoi que vous en disiez, et que le danger vous a paru assez imminent pour vous obliger à vous réunir tous contre moi. Vous avez fait appel au ban et à l'arrière-ban ; après vous, en effet, qui peut se présenter ? Vous avez engagé vos dernières réserves. C'est donc une suprême et décisive bataille que vous m'offrez ! Dieu soit loué !... Encore une fois, merci de l'honneur que vous me faites et du terme que vous apportez forcément à nos travaux ; car, si malgré notre foi profonde en nos doctrines, vous nous prouvez que nous sommes dans l'erreur, nous cesserons à l'instant une lutte désormais sans objet. Si, au contraire, le public nous donne gain de cause, la lutte sera encore terminée, puisque vous aurez joué et perdu votre dernier coup. Dans les deux alternatives, la guerre sera finie !

Arrivons maintenant à l'examen de votre manifeste officiel.

Je partage mon travail en trois parties :

1° La première partie traite la question personnelle ;

2° La deuxième traite la question scientifique et fait le parallèle des deux méthodes ;

3° La troisième répond à la brochure.

PREMIÈRE PARTIE. — QUESTION PERSONNELLE.

Le but de votre brochure ne peut échapper à personne : sauvegarder l'école ancienne que vous avez cru, *à tort*, sérieusement menacée par les progrès toujours croissants de la nouvelle ; puis du même coup, anéantir, s'il se peut, l'école nouvelle, en déconsidérant ses chefs et en montrant la faiblesse des bases sur lesquelles elle repose. Ceci est hors de doute pour tout esprit sérieux.

C'est pour atteindre le premier but, sauvegarder votre école, que vous avez groupé tous les hommes éminents qui ont signé la brochure. Ces noms considérables doivent, en effet, *dans la pensée des signataires*, produire une vive impression sur l'Administration et sur le public. On doit être tout naturellement disposé à donner raison à la section de musique de l'Institut, dans une question musicale. Et pourtant, combien de vérités condamnées par les hommes spéciaux ont aujourd'hui pris place dans la science officielle ! L'histoire de la vapeur est d'hier... Ajoutons, quoique le nombre des signatures n'ait rien à faire dans une question de science, que la réunion des vingt et une signatures n'en est pas moins une tactique habile. Nous verrons jusqu'à quel point elle réussira.

Pour atteindre votre second but, *écraser notre école*, vous avez essayé deux choses : 1° déconsidérer les chefs de l'Ecole ; 2° anéantir les bases sur lesquelles repose la méthode.

Commençons par vider la question *de personnes*, nous terminerons par la question *scientifique*.

Comment détruire l'autorité d'un chef d'école? En citant des faits qui portent atteinte :

A son caractère,

A son instruction,

A son intelligence ;

Cela est évident... Eh bien! que fait votre brochure?

Laissant de côté, je ne sais pourquoi, M. Aimé Paris, bien qu'il soit mon maître et qu'il ait encore plus combattu que moi, vous ne vous en prenez qu'à M. Chevé seul. Puis, au lieu de prouver, pièces en main (ce qui est facile, quand on parle d'un homme qui a quarante ans de vie publique), que, pendant ses vingt ans de services dans la marine ou pendant ses vingt années de professorat à Paris, M. Chevé a commis des actes qui portent atteinte à son caractère, à son instruction ou à son intelligence, et le rendent indigne du rôle qu'il s'est attribué; au lieu de cela, que faites-vous?

Dans une lutte incessante de vingt ans, où nous avons constamment combattu à découvert contre des adversaires presque toujours cachés, vous allez ramasser, pour les réunir en faisceau, toutes les apostrophes arrachées à la colère et à l'indignation, en les séparant complétement des causes qui, les ayant *provoquées,* peuvent à la rigueur les justifier.

Cela est-il juste ? — Non !

Mais, d'ailleurs, toutes ces apostrophes, fussent-elles même sans excuse, ne prouveraient rien contre le caractère, l'instruction et l'intelligence du chef d'école. Elles prouveraient, tout au plus, qu'il est un homme impoli et fort mal élevé. Voilà tout. A plus forte raison, cela ne prouve rien contre les doctrines qu'il professe, la seule chose qui doive intéresser une Commission dans laquelle figurent huit membres de l'Institut ! De plus, des paroles malsonnantes, écrites et signées par *d'autres que moi,* vous les mettez sans façon sur le compte de M. Chevé. Vous n'aviez pas le droit d'agir ainsi ; cela est injuste. Mais cette responsabilité me revînt-elle, qu'elle n'aurait encore rien de commun avec la question scientifique, la seule, je le répète, qui doive préoccuper une Commission sérieuse.

Voici d'autres injustices: Vous réunissez pêle-mêle tout ce qui s'adresse, d'un côté à l'écriture, de l'autre aux grammaires et aux grammairiens, puis sans plus de cérémonie ; et contre toute loyauté, vous nous le faites écrire à l'adresse de Bach, de Hændel, de Mozart, de Beethoven, de Rossini, etc., etc., dont nous n'avons jamais prononcé ou écrit les noms qu'avec le respect et la vénération qu'ils méritent. Je vous porte le défi le plus formel de citer une phrase de nous qui soit blessante pour un de ces grands noms. Ce procédé vous semble-t-il juste et loyal? cet argument est-il de ceux dont se servent les bonnes causes? et que vient-il faire contre nos doctrines?

Dans tout cela, il n'y a donc en cause que notre *savoir-vivre* et notre *politesse.* Caractère, intelligence, instruction, tout est hors de cause, et c'est cependant ce qu'il fallait attaquer. Nous pourrions donc, à la rigueur, passer condamnation sur ces deux points, laissant *aux milliers* de personnes de tout rang et de tout âge, avec qui nous avons eu des rapports personnels, le soin de protester; mais les hautes sympathies dont nous sommes honorés nous imposent un devoir: Si la Société de patronage le désire, nous sommes prêts, M. Aimé Paris et moi, à lui soumettre notre conduite, *écrits, paroles et actions,* elle se prononcera en pleine connaissance de cause, et elle sera sans doute fort surprise de rencontrer les premières paroles inpolies de ce long débat, consignées dans le rapport de la Commission du chant de 1845, à l'adresse de *Madame Chevé*, rapport rendu public par l'impression (1). Elle verra encore que nos paroles n'arrivent jamais que comme conclusion vraie d'une démonstration ou d'une exposition de faits.

Mais avant d'abandonner cette question de personnes, qui n'aurait pas dû trouver place dans un débat purement scientifique d'un si haut intérêt, puisqu'il s'agit d'une branche d'enseignement qui intéresse l'humanité tout entière, qu'il me soit permis de relever deux inculpations qui, en bonne justice, doivent retomber de tout leur poids sur les vingt et un signataires de la brochure, puisque ces messieurs ont fait deux citations tronquées, dans lesquelles ils me font dire tout autre chose que ce que j'ai écrit. Ce ne sont, du reste, pas les seules.

Première citation tronquée :

Dans la préface de notre *Traité d'harmonie*, page 36, j'ai cité une lettre de Weber, empruntée, AVEC GUILLEMETS, à *la France musicale* du 23 février 1845. Dans cette lettre de Weber, se trouve le paragraphe suivant : « On dit : BACH a fait ceci ; « STAENDEL n'écrivait pas ainsi ; MOZART s'est permis cela. »

Le journal avait écrit STAENDEL. Bien que je ne connusse aucun musicien du nom de STAENDEL, je ne me suis pas cru le droit de rejeter ce nom, et *ma copie* GUILLE-METÉE a dû reproduire, sans aucune modification, l'orthographe de l'original que je reproduisais littéralement, avec indication de la source où je l'avais pris.

---

(1) *Première demande de concours.*

« Paris 6 janvier 1845.

« A M. le comte de Rambuteau, préfet du département de la Seine.

« MONSIEUR LE PRÉFET,

« Au moment où le besoin de l'enseignement de la musique se fait de plus en plus sentir, et où l'on désire voir cet art se répandre surtout dans les masses *comme moyen de moralisation*, je viens vous proposer de faire essayer une méthode simple, facile, presqu'infaillible dans son application, et dont la puissance a été démontrée par des expériences nombreuses et concluantes.

« Mais, comme les expériences isolées ne sont pas concluantes, parce que, manquant de terme de comparaison, l'esprit ne peut asseoir son jugement, je viens vous demander de faire expérimenter nos moyens, en faisant faire, *dans des conditions identiques*, DEUX EXPÉRIENCES PARALLÈLES ET SIMULTANÉES ; l'une par les moyens ordinaires, l'autre par notre méthode. C'est la seule manière d'apprécier sûrement les avantages et les inconvénients de chacun des deux moyens.

« Si l'expérience nous donnait tort, l'Administration n'aurait été entraînée à aucune dépense, et le temps perdu pour l'enseignement musical des élèves que l'on m'aurait confiés, ne serait que de quelques mois.

« Si, au contraire, le succès couronne notre travail, ce qui pour nous n'offre pas l'ombre d'un doute, nous aurons mis, entre les mains de l'Administration, le moyen d'enseigner la musique aux enfants et aux adultes, avec moins de peine qu'on ne leur apprend à lire.

« Permettez-moi, M. le Préfet, de joindre à ma lettre une petite brochure contenant, à la page 25, le compte rendu officiel d'une expérience que j'ai faite, en grand, sur 150 militaires de la garnison de Lyon.

« Agréez, M. le Préfet, l'hommage du profond respect avec lequel j'ai l'honneur d'être

« Votre très-humble et très-obéissant serviteur,

ÉMILE CHEVÉ.

Le 4 juillet, six mois après, M. le Préfet me répondit que : « le Comité central consulté, avait « déclaré qu'il n'y avait pas lieu d'autoriser l'expérience comparative que je demandais. »

Cette décision du Comité central fut prise sur un rapport de la Commission du chant, composée, à cette époque, de MM. Bessas-Lamégie, Pompée, Orfila, Casimir Gide et Demoyencourt. — Voici quelques-unes des aménités de ce rapport, livré, comme les autres, à *la réclame* :

« . . . . Comme toutes les personnes *qui ne savent pas la musique*, MADAME CHEVÉ est effrayée « des difficultés qu'offre la lecture musicale... Nous croyons aussi que si MADAME CHEVÉ avait « passé, *à étudier la musique*, le temps qu'elle a employé à combiner son système, elle trouve-« rait certaines pages de musique un peu moins hiéroglyphiques, etc.

Ainsi, à une demande polie de *Monsieur* Chevé, la Commission du chant, dont nous ignorions même l'existence, répond par des paroles blessantes à l'adresse de *Madame* Chevé, qui ne lui a pas écrit ; et ce rapport est livré à l'impression, pour servir de réclame !... Et c'est nous que l'on accuse de mauvais procédés !...

Avais-je le droit de faire autrement?

Evidemment non!... Suis-je responsable de l'orthographe — pour un nom propre — de *la France musicale?* Encore une fois, non!

Eh bien! la brochure s'empare de cette faute d'impression, *qui n'est pas mienne, et dont je lui signale l'auteur;* elle consacre à cette grave affaire, cinq pages, sur les soixante-dix signées par mes vingt et un adversaires; puis elle me couvre de ridicule, me compare au singe de La Fontaine, *qui prenait le Pyrée pour un nom d'homme,* alors *qu'elle cite* ELLE-MÊME la rectification que voici, écrite par moi, à la page 128 du même ouvrage:

« Nous avouons en toute humilité que nous n'avions jamais entendu parler du
« compositeur STAENDEL, et que, quand nous avons écrit son nom, nous avons sup-
« posé que c'était une corruption de HÆNDEL. *Mais, comme nous transcrivions une*
« *lettre de* LA FRANCE MUSICALE, *nous avons dû laisser à une autorité aussi grave*
« *la responsabilité de la citation.* »

En quoi ai-je donc mérité le reproche d'ignorance et les deux grandes pages de sarcasmes infiniment peu polis dont m'a gratifié la brochure à ce propos? Nos savants adversaires avaient donc bien peu de choses sérieuses à nous opposer, pour être obligés de descendre à de si infimes reproches : — Une faute d'impression ! — Reproches que nous ne méritons d'ailleurs pas, puisque nous n'avons fait que transcrire fidèlement l'œuvre d'un autre. J'ajoute que ces messieurs mettent encore à mon compte, les paroles dites par Weber : « Bach a fait ceci, Stændel a fait cela, « Mozart n'écrivait pas ainsi, »—« C'est M. Chevé qui le dit, page 65. »— Encore une fois, non! *Ce n'est pas M. Chevé* qui a écrit cela, C'EST WEBER. — M. Chevé n'a fait que citer Weber.

Deuxième citation tronquée.

Dans un autre endroit de la brochure à laquelle je réponds, pages 44 et 45, on cite un article de moi, imprimé dans *la Réforme musicale* du 5 octobre 1856, en réponse à M. Mercadier. Voici la première partie de cet alinéa, que je transcris littéralement :

« Examinons un peu la compétence des juges derrière lesquels vous vous abritez, vous qui avez osé me reprocher de m'abriter derrière une enfant de quatorze ans ! Pour juger une chose avec conscience et vérité, il faut connaître cette chose à fond. Eh bien ! monsieur, montrez-moi, si vous les connaissez, les *livres théoriques et pratiques,* écrits par ces messieurs sur l'enseignement musical, et qui prouvent, non-seulement qu'ils ont étudié sérieusement cette question, mais encore qu'ils l'ont comprise. Prouvez-nous que MM. Auber, Halévy, Carafa, etc., ont étudié la question de la filiation des idées, question qui domine tous les enseignements possibles, même celui de la musique; autrement je ne suis pas obligé, ni le public non plus, d'avoir foi dans la faculté innée de ces messieurs pour juger des choses que rien ne prouve être de leur compétence, quelque singulier que cela puisse paraître.

« Ces messieurs ont fait des opéras, ils en ont même fait de très-beaux : d'accord; mais cela prouve-t-il qu'ils aient la profondeur de vue, le sens intellectuel qu'il faut pour juger une méthode d'enseignement qui — pour employer le langage de M. Fétis — doit être une œuvre d'*analyse* et de *synthèse* où l'on rencontre un *ordre philosophique d'idées?* »

A l'expression de ce DOUTE si nettement caractérisé, la brochure donne le sens que voici :

« Nous » (l'Institut et le Conservatoire) « sommes de pauvres gens sans éducation,
« des ignorants fieffés. *Nous ne comprenons pas l'enseignement musical; cela n'est*
« *pas de notre compétence;* nous ne savons pas *la filiation des idées,* nous n'avons
« pas *la profondeur de vue, le sens intellectuel.* » « *La Réforme musicale,* qui s'im-
« prime à Rouen, l'a AFFIRMÉ, le 5 octobre 1856, et nous n'avons pas réclamé. »

Je n'ai rien AFFIRMÉ, j'ai dit que le *doute* était permis ; et vous n'avez pas le droit d'écrire ainsi. Relisez avec soin ce que j'ai écrit, Messieurs, puis ce que vous avez écrit vous-mêmes, et vous serez contraints d'en convenir. Continuons :

Voici la deuxième partie de l'alinéa dont on a altéré le sens :

« Bacon, Descartes, Pascal, Locke, Condillac, Destutt de Tracy, etc., ont fait de très-beaux ouvrages sur l'art de penser et d'écrire, cela prouve-t-il qu'ils fussent capables de juger un opéra ? Quel rapport y a-t-il, je vous prie, entre le génie musical et le génie de l'enseignement ? Vous voyez bien, Monsieur, que, si l'on ne doit admettre comme juge compétent que celui qui a prouvé qu'il a la faculté du juge, rien ne nous oblige à reconnaître comme tels MM. Auber, Halévy, Carafa, etc., en dehors des questions artistiques, tant que ces messieurs n'auront point fait leurs preuves. »

Voici comment la brochure traduit cet alinéa :

« M. Chevé pourrait bien représenter à lui seul, la science, la logique, les lumières
« de Bacon et de Descartes, *et* Pascal, *et* LOKE (1), *et* Condillac, *et* Destutt de Tracy,
« *cela a été déclaré publiquement,* le *même* jour, à la *même* heure, dans le *même*
« numéro du *même journal* de la Porte-aux-Rats. Et ces hommes célèbres n'ayant
« pas non plus réclamé, *cela est* généralement admis. »

L'altération de texte est-elle assez flagrante, et cette manière d'argumenter est-elle acceptée par la droiture ?... Et ces messieurs osent me reprocher de leur prêter des assertions absurdes, ce que je n'ai jamais fait, alors qu'ils m'en prêtent une qui suffirait à elle seule, si elle était vraie, pour ridiculiser à jamais l'homme le plus fort !

Ainsi, après nous avoir faussement accusé d'insulter Bach, Mozart, Beethoven, Rossini, etc., on nous accuse maintenant de nous regarder comme résumant, en notre seule personne, la science, la logique et les lumières de six des plus puissantes individualités sorties des mains de Dieu !

Ah ! Messieurs, dans une question toute scientifique, il faut être bien dénué de bonnes raisons pour se laisser entraîner à en risquer de pareilles !... Pour qui croyez-vous donc avoir écrit ?

En terminant cette première partie de ma réponse, j'ai bien le droit de dire, ne fût-ce qu'à titre de *circonstances atténuantes,* que nous n'avons pas toujours eu à nous louer des actes et des écrits de nos adversaires. Déjà, le 16 octobre 1849, nous pouvions écrire avec vérité le passage suivant, extrait d'une lettre adressée à M. Hubert, alors directeur de l'Orphéon.

«... Et maintenant, un mot, s'il vous plaît, M. Hubert, sur la leçon de bienveillance que vous osez bien me donner !... En vérité, c'est à n'y pas croire ! Depuis dix ans, Mme Chevé et moi, nous avons épuisé tous les moyens imaginables, mais *avouables,* de doter notre pays d'une magnifique découverte, et nous y avons usé nos deux santés. Nous avons prié, supplié tous les ministres de l'instruction publique (le dernier excepté) et toutes les commissions du chant (la dernière comprise) *de nous permettre de faire gratuitement la preuve authentique de tout ce que nous annoncions ;* — nous avons offert, après expériences comparatives, probantes, d'initier, *toujours gratuitement,* tous les professeurs officiels de la Ville, à la connaissance de nos moyens d'enseignement ; — *nous nous sommes engagés, par écrit, à ne demander aucune rétribution, aucune récompense quelconque, à ne demander et à*

---

(1) Je connaissais bien un peu le nom de J. LOCKE, qui a écrit sur l'entendement humain; mais je ne connaissais pas plus LOKE que je ne connaissais STAENDEL. J'ai donc cherché LOKE, dans le Dictionnaire de Bescherelle, et voici ce que j'ai appris :

« LOKE (mythologie scandinave), génie malfaisant des anciens Celtes; fils du géant Farbante et
« de Laufaya. — Il a été enchaîné par les dieux, et il restera dans les enfers jusqu'au jour de la
« destruction du monde. »

Pascal et Condillac doivent être peu flattés du voisinage.　　　　　ÉMILE CHEVÉ.

n'accepter la place de qui que ce soit ; — nous avons répété partout les expériences pratiques et gratuites, et nous avons mis entre les mains de l'Administration les certificats *authentiques, véridiques,* de ces expériences ; *vos propres professeurs, vos propres lieutenants,* poussés par la voix publique et cédant au cri de leur conscience, sont venus, comme simples particuliers, suivre mes cours, et nous avons mis entre vos mains, *les attestations signées par eux, au risque de leur destitution ;* — en un mot — tout ce que le dévouement à une grande idée, tout ce que la raison et tout ce que des cœurs droits et courageux peuvent faire, nous l'avons fait depuis dix ans : nul ne peut le nier... *Et depuis dix ans, tous nos efforts ont été absolument impuissants à obtenir une simple vérification de nos travaux !...* On nous a toujours repoussés comme des charlatans éhontés, comme des gens avides. ne vivant que de diatribes ! — On nous a abreuvés, *et l'on nous abreuve encore plus que jamais,* EN CE MOMENT, de ces mille vexations que les corps constitués peuvent toujours faire subir aux novateurs qui ne veulent ni ramper, ni acheter des juges !... Calomnies, espionnages, dénonciations politiques: rien ne nous a été épargné ! — On a poussé le cynisme jusqu'à dire que l'on savait que j'étais atteint d'une maladie du cœur (maladie produite et entretenue par la lutte que nous soutenons depuis si longtemps) et *que l'on serait débarrassé de moi avant la fin de l'année courante !* — Tout cela est vrai, très-vrai. »

Plus de *dix* années se sont écoulées depuis la publication de cette lettre, et les persécutions ne nous ont pas manqué. On m'a expulsé de l'établissement des *frères* de la rue du Temple; on m'a expulsé de Saint-Merry ; deux fois on a voulu me fermer l'École-de-Médecine, où nous n'avons été maintenus que grâce à l'énergique bienveillance de M. le doyen PAUL DUBOIS et à la justice de S. Exc. M. ROULAND, ministre de l'instruction publique. Il n'y a pas d'injures que l'on n'ait imprimées à notre adresse. Tout cela est bien fait pour lasser la patience des plus calmes; même de ceux dont le but est une œuvre de dévouement.

Vous-mêmes, Messieurs, malgré vos hautes positions et malgré le vernis de politesse qui recouvre votre brochure, vous n'avez pas craint d'y mettre les choses suivantes à notre adresse :

« ..... Nos attaques réprouvées par la vérité, le bon sens et le bon goût.... notre
« immense niaiserie.... nos inventions pour effrayer les timides, les humbles, les
« faibles, étourdir les ignorants, *jeter de la poudre aux yeux des honnêtes gens...*
« gymnastique du professeur... auteur de divagations... M. Chevé règne par la
« terreur... Comment répondre à tout cela? *Par la police correctionnelle ou par*
« *le mépris.* On a choisi peut-être à tort ce dernier parti..., etc., etc. »

Ah ! Messieurs, croyez-moi; jetons un voile sur ces misères humaines, qui sont inséparables de toute lutte, même pour les plus grandes choses, et entrons enfin dans le domaine de la science : c'est là seulement qu'est la véritable, la grande question : **L'UTILITÉ GÉNÉRALE !**

DEUXIÈME PARTIE. — QUESTION SCIENTIFIQUE.

PARALLÈLE DES DEUX ÉCOLES.

1° QUESTION SCIENTIFIQUE.

En réunissant contre moi les noms considérables qui ont signé la brochure à laquelle je réponds, l'École officielle a donné la mesure de l'importance immense qu'elle attache à ce débat; sans cela, un seul des vingt et un signataires suffisait pour une simple polémique.

D'autre part, mes vingt et un adversaires ne peuvent avoir pour mobile que *l'intérêt public* qui, seul, peut justifier, de leur part, une démarche aussi insolite que celle de voir toute une section de l'Institut, renforcée d'un grand nombre de personnes éminentes à divers titres, venir prendre à partie un homme seul, qu'on déclare même ne pas être compétent dans la question. Ce fait me semble sans précédent.

Eh bien! Messieurs, au nom de cet intérêt public, cher à tous les gens de cœur, je viens vous supplier de vouloir bien quitter, un instant, ces régions élevées de l'art, *ces voûtes éthérées* que plusieurs d'entre vous habitent si souvent, pour descendre dans la plaine, sur le modeste terrain de l'enseignement élémentaire de la lecture et de l'écriture musicales; c'est là, et là seulement, qu'est la véritable, la grande question: *faire que tous nos enfants, riches ou pauvres, sachent lire et écrire la musique, à huit ans,* comme on sait lire et écrire en sortant de l'école primaire. La rhétorique et la déclamation n'ont rien à faire à l'école primaire... Chacun le sent. Arrivons donc à la question.

Quelque difficile qu'il soit de traiter à la plume, et d'une manière fructueuse pour tous, les questions de controverse scientifique, — questions qui seraient si facilement élucidées, en quelques instants, par l'exposition orale au tableau, — je ne désespère pourtant pas de mettre assez en évidence les bases et les moyens de chaque école, pour que tout lecteur attentif puisse se prononcer en pleine connaissance de cause et prendre parti pour la vérité contre l'erreur, de quelque côté qu'il la rencontre.

Pour atteindre ce but, nécessairement ambitionné par tous, nous pensons que le moyen le plus sûr, le plus raisonnable, est de poser nettement, *en dehors de tout esprit de coterie et d'école,* les bases de la musique. Ces bases une fois posées, ce *criterium* trouvé, il ne s'agira plus, pour savoir qui a tort et qui a raison, que de comparer à ce *criterium, la théorie, la langue* (parlée ou écrite) et les moyens pratiques de chaque école.

De cette manière, la comparaison sera facile et raisonnable. Si les objections de nos adversaires sont aussi fondées qu'ils le déclarent, notre erreur sera manifeste pour tous, même pour nous, et nous serons vaincus sans retour. Si, au contraire, ces objections sont reconnues fausses, erronées, elles retomberont de tout leur poids sur l'école officielle, puisqu'elles auront été présentées par tout ce que cette école renferme de plus grand et de plus fort. Ceci est encore évident pour tous.

2

J'aurais vivement désiré, qu'au lieu de remplir leur travail de récriminations et de sarcasmes contre ma personne, ce qui n'avance en rien la question scientifique, mes illustres adversaires eussent bien voulu prendre la peine de poser eux-mêmes les bases de la science, et d'indiquer ce *criterium* dont nous avons besoin. Nul, mieux qu'eux, ne devait pouvoir remplir cette tâche difficile. Mais, puisque ces Messieurs n'ont pas cru devoir faire ce travail, je vais m'efforcer de le faire moi-même : ils auront la bonté de rectifier, s'il y a lieu, les erreurs qui pourraient m'échapper.

Pour rendre la question aussi simple que possible, et ne pas nous engager tout d'abord dans les complications apportées à la théorie par nos instruments à tonalité fixe, séparons la musique *vocale, la musique de l'instrument naturel*, de la musique *instrumentale, la musique de l'instrument artificiel.* Cette distinction est d'autant plus urgente, que c'est pour ne l'avoir pas maintenue partout et toujours que l'on a si peu de lecteurs vocalistes. Étudions donc d'abord *la musique vocale ; la musique instrumentale* viendra ensuite. Cette préférence est d'autant plus légitime, qu'il est juste de s'occuper de l'immense majorité, avant de s'occuper d'une imperceptible minorité. Le larynx, en effet, outre qu'il est le seul instrument qui soit frappé au coin de la perfection divine, est la propriété de tous : à ces deux titres, il mérite la première place dans l'étude élémentaire — je veux dire *universelle* — de la musique.

Donc : qu'est-ce que la musique vocale ?

Quels sont les éléments essentiels qui la constituent ?

Un organe, nommé larynx, que chacun possède, étant frappé, dans certaines conditions physiologiques, par l'air que lui lancent les poumons, entre en vibration ; ces vibrations, propagées et transmises par l'air atmosphérique, font impression sur l'oreille, et le cerveau perçoit une sensation. Le fait se traduit en disant qu'un son a été produit et perçu. Si cette impression *sonore* se répète dans de *certaines conditions* que nous allons rechercher, on dit qu'il y a musique ; quand les impressions sonores cessent, on dit qu'il n'y a plus musique. La production du son est donc la condition *sine quâ non* de la musique.

Donc, l'élément primordial de la musique est le *son.*

En analysant avec soin les impressions produites par la succession des impressions sonores qui constituent la musique, on constate trois choses :

1° Tantôt l'impression sonore *semble* venir d'en haut, tantôt elle semble venir d'en bas, ou de tout autre point, intermédiaire à ces deux extrêmes. Chaque perception spéciale étant appelée *un son*, les perceptions différentes ont fait dire : *les sons.*

La musique a donc pour base la production des sons, et la première étude doit porter sur *la coordination de ces sons*, telle que la nature nous les donne et telle qu'elle nous permet de les répéter.

2° Quel que soit le degré apparent ou réel de gravité ou d'acuité d'un son musical, ce son ne frappe pas toujours notre oreille pendant le même temps ; quelquefois l'impression est si rapide, qu'elle est à peine perçue ; d'autres fois elle est plus longue, et quelquefois même elle est relativement très-longue. Ce fait, de certains sons mis en relief par une durée plus longue, se présente dans tous les airs de notre musique.

Donc encore, la *durée* relative affectée à chaque son, entre, *comme second élément*, dans notre musique, et la *deuxième étude* à faire doit être celle de la durée relative des sons musicaux.

3° Quel que soit le degré d'acuité ou de gravité d'un son, quelle que soit sa durée relative, ce son est émis de diverses manières, selon l'impression que le chanteur veut produire sur nous ; tantôt il est donné avec douceur ; tantôt avec énergie ou avec indifférence. Dans certains cas, l'énergie va croissant, ou bien elle décroît ; d'autres fois, enfin, le son respire la colère, la tendresse, la douleur, etc. Tout cela constitue *l'expression musicale* et forme le troisième élément de notre musique.

Donc enfin, la *troisième étude* à faire est celle de *l'expression*.

Voilà les éléments de la musique; il n'y a pas, il ne peut y avoir autre chose. Au-delà de ces trois faits : *son, durée, expression,* il n'y a plus rien ; tout est là !

Ajoutons ici que *l'expression* étant du ressort de la *déclamation chantée,* n'a rien a faire dans la question élémentaire de *lecture* et d'*écriture* musicales, la seule en cause dans ce débat. Nous n'avons pas à nous en occuper; notre travail ne doit donc porter que sur deux points :

1° Coordination des sons dans l'échelle musicale : *Intonation.*

2° Durées relatives des sons musicaux : *Mesure.*

A. INTONATION.

Supposons, pour un instant, que la science musicale ne soit formulée nulle part, et que l'on veuille en rechercher les lois, à la simple analyse des chants donnés par la voix ; voici comment on pourrait procéder :

On dit : cet air est *trop haut,* cet air est *trop bas,* ce *ténor* ne *monte* pas assez, cette *basse* ne *descend* pas assez, etc. *Ainsi,* pour toute personne habituée à écouter chanter, l'impression produite sur l'oreille, par la succession des sons musicaux, est *analogue* à celle que produit sur l'œil un objet mobile qui va de bas en haut ou de haut en bas : les sons (ou individualités sonores) laissent *donc* entre eux des distances. des *intervalles,* dont l'oreille seule a conscience.

En second lieu, on dit encore : un tel a chanté faux, un tel a chanté juste ; ce ténor a la voix fausse, cette basse, au contraire, l'a juste, etc. Qu'est-ce à dire? Il y a *donc* une distance fixe, déterminée entre deux sons donnés, et il existe un moyen sûr de mesurer cette distance, un *étalon absolu;* sans ces deux conditions, en effet, nul ne pourrait dire que l'on chante juste ou faux.

Donc, non-seulement la coordination ascendante ou descendante des sons dans l'échelle musicale n'est pas une chose arbitraire, variable, au caprice de chacun; mais cette coordination doit, au contraire, être un fait mathématique, absolu, puisque nul ne peut le changer et qu'il est possible d'en constater l'exactitude.

Donc, enfin, il existe une échelle sonore fixe, qui est la base de la musique et qui est acceptée dans tous les pays civilisés.

Rendue à ce point, l'oreille a bientôt reconnu que cette échelle sonore, qui a, d'ailleurs, une assez grande étendue, se compose de certaines *séries fixes* qui *se reproduisent identiquement les mêmes, de huit en huit sons,* d'octave en octave (1), soit que l'on monte, soit que l'on descende. Donc le type ou les types, s'il y en a plusieurs, se composent de huit sons superposés. Ce sont ces types qui ont reçu le nom de *gammes.*

En étudiant avec soin, et comparativement, les distances qui séparent deux *sons consécutifs* dans l'échelle générale des sons, distances que l'on nomme *secondes,* on constate que les sept distances d'une série quelconque, que les sept secondes ne sont pas toutes égales entre elles et qu'elles forment deux groupes : cinq secondes sont plus grandes; les deux autres sont plus petites. Les cinq plus grandes — *secondes majeures* — sont égales entre elles; les deux plus petites — *secondes mineures,* — sont aussi égales entre elles (2). *Donc, une gamme se compose de cinq secondes*

---

(1) Ce fait est la conséquence forcée de l'organisation du larynx humain : le larynx de l'homme et celui de la femme chantant naturellement à l'octave l'un de l'autre. La gamme, chantée en même temps, par les deux voix, est donc répétée à l'octave.

(2) Je ne m'arrête pas ici à la différence du *ton majeur* et du *ton mineur,* ce fait, fût-il prouvé, ce qui n'est pas, échappe à l'oreille la plus délicate et la plus exercée.

— 20 —

majeures et de deux secondes mineures. Mais dans quel ordre se présentent ces sept secondes? Voici ce que répond l'analyse :

Prenons successivement pour point de départ, chacun des sept échelons d'une gamme, et adoptons, pour fixer les idées, les monosyllabes universellement admis, UT, RÉ, MI, FA, SOL, LA, SI, comme langue parlée, et les sept premiers chiffres, 1, 2, 3, 4, 5, 6, 7, comme langue écrite (1). Disposons les séries de *bas* en *haut*, et convenons de désigner à *l'œil*, les secondes majeures par un écartement plus grand, et les secondes mineures par une distance plus petite. Le lecteur va constater, d'un seul coup d'œil, que l'échelle générale des sons, telle que la donne le raisonnement et *telle qu'on la trouve dans la pratique*, contient, non pas une gamme, mais *sept gammes* parfaitement caractérisées, parfaitement individuelles, et qui toutes sont nées du même fait. Les voici écrites en sept colonnes verticales.

(Lisez ce tableau par colonne, de bas en haut, en suivant les grandes flèches, et constatez que chacune des colonnes diffère de *celles de gauche* par un ou plusieurs points *trop bas;* et de *celles de droite* par un ou plusieurs points *trop hauts*.)

TABLEAU DES sept modes naturels.

4	1	5	2	6	3	7
3	7	4	1	5	2	6
2	6	3	7	4	1	5
1	5	2	6	3	7	4
7	4	1	5	2	6	3
6	3	7	4	1	5	2
5	2	6	3	7	4	1
4	1	5	2	6	3	7

Dans notre système musical, *il y a donc sept manières* de couper l'octave, *en suivant* l'ordre naturel des secondes; mais il n'y en a que sept, et il ne peut y en avoir que sept, puisque, à partir du huitième échelon, quel qu'il soit, la série se répète toujours identiquement la même.

Ces sept gammes, ou modes (*modus*, manière) ayant d'abord servi au chant d'église, au *plain-chant*, reçurent le nom de *modes du plaint-chant* (2).

Au commencement du onzième siècle, Gui d'Arezzo, voulant rendre l'étude plus facile, en fixant d'une manière positive les rapports réciproques des divers échelons

---

(1) Peu importe, pour l'exposition en question, que l'on prenne des chiffres, des lettres, des barres, pourvu que l'on prenne *sept signes* pour représenter les sept monosyllabes de la langue parlée.

(2) Je n'ai pas à m'occuper ici de la théorie du plain-chant, du mode authentique, du mode plagal, de l'exclusion de certains modes, etc. ; je constate simplement l'existence des sept combinaisons naturelles où l'on a puisé les éléments de l'intonation.

— 24 —

des modes, proposa la série des monosyllabes *ut, ré, mi, fa, sol, la* (1) empruntée, comme chacun le sait, à l'hymne de saint Jean. C'est cette langue, essentiellement *fonctionnelle, modale,* qui fut adoptée partout et devint la langue universelle de l'intonation. Les sept modes furent donc *parlés* et *chantés* de la manière suivante :

(Lisez encore par colonne, et de bas en haut).

FA	UT	SOL	RÉ	LA	MI	SI
MI	SI					
		FA	UT	SOL	RÉ	LA
RÉ	LA	MI	SI			
				FA	UT	SOL
UT	SOL	RÉ	LA	MI	SI	
SI						FA
	FA	UT	SOL	RÉ	LA	MI
LA	MI	SI				
			FA	UT	SOL	RÉ
SOL	RÉ	LA	MI	SI		
					FA	UT
FA	UT	SOL	RÉ	LA	MI	SI

Chacun des sept modes eut donc sa langue parlée. Il y avait sept modes, il y eut sept langues, toutes composées des sept mêmes monosyllabes, se succédant toujours dans le même ordre absolu, mais ayant chacune pour point de départ, pour base, *pour nom de la tonique,* enfin, un monosyllabe spécial. C'est ainsi que l'on put dire le mode d'*ut,* le mode de *sol,* le mode de *ré,* le mode de *la,* etc., et c'est ainsi que l'on parla et que l'on chanta le plain-chant.

Cette langue, trait de génie de Gui d'Arezzo, était parfaite, parce qu'elle était *modale, fonctionnelle. Les deux mêmes monosyllabes* indiquaient toujours *les deux mêmes fonctions,* les deux mêmes rapports dans un même mode; de plus, ils indiquaient toujours *le même intervalle, majeur* ou *mineur,* dans tous les modes : *ut-ré, ré-mi, fa-sol,* marquaient partout la seconde majeure ; *mi-fa* et *si-ut,* toujours la seconde mineure: on ne pouvait rien désirer de mieux ; et tant que les instruments à tonalités fixes ne furent pas venus transformer en chaos ce chef-d'œuvre de logique et de simplicité, la musique, si elle avait eu un nom pour le septième degré, aurait pu se vanter d'avoir, pour l'intonation, une langue parfaite.

Chacun des sept modes avait donc sa langue particulière. Mais les progrès de la musique moderne ayant porté les compositeurs, à leur insu peut-être, et par des raison s que je n'ai pas à rechercher ici, à négliger les cinq modes de *fa, sol, ré, mi* et *si,* et à ne plus prendre, pour bases de leurs compositions, que *les deux modes* d'*ut* et de *la,* on dut ne plus parler que les langues d'*ut* et de *la,* c'est à dire que le mode d'*ut* se chanta *ut-ré-mi-fa-sol-la-si-ut,* et que le mode de *la* se chanta *la-si-ut-ré-mi-fa-sol-la.* Voilà la science, voilà la tradition, voilà la vérité. Voilà ce

---

(1) C'est l'absence du mot *si* qui avait donné naissance aux *muances.* Il fallut plus de six siècles pour compléter la nomenclature de Gui d'Arezzo, bien qu'il ne lui manquât qu'un nom. Peu s'en fallut qu'on ne fît un mauvais parti à *Lemaire,* qui proposa le *si,* vers le milieu du dix-septième siècle. — Quelques peuples, les Allemands, les Anglais, les Américains, tout en ayant adopté ces syllabes pour écrire, en emploient d'autres pour chanter. Ce fait n'a, du reste, aucune importance ici.

que fait notre école, voilà ce que ne fait pas l'école officielle. D'où peut donc provenir cet abandon, par les écoles officielles, de la tradition si éminemment scientifique de Gui d'Arezzo? et d'où vient le reproche singulier qu'elles nous adressent sans cesse d'avoir quitté ces traditions précieuses, alors que c'est nous qui les avons conservées, — je veux dire retrouvées, — au risque de toutes leurs colères? Tout cela provient d'un malentendu entre l'instrument et la voix. Voici ce qui est arrivé et d'où est venu tout le mal.

Du temps de Gui d'Arezzo, il n'y avait pas de diapason consenti par la majorité (1), la langue *ut, ré, mi,* etc., ne pouvait donc pas être une langue tonale, une langue indiquant des degrés *fixes* d'élévation dans l'échelle musicale, puisqu'il n'y avait de son fixe nulle part. Chaque instrument était construit pour produire le mode, — je veux dire les sept modes; — mais le ton de chacun dépendait du caprice de chaque facteur.

Lorsque le diapason de Shore, ou de tout autre, peu importe, eut permis de mettre de la régularité dans les instruments, au point de vue du ton, on dut se hâter de profiter de ce moyen précieux d'avoir des instruments montés au même ton; mais, évidemment, cette adoption d'un *son-niveau,* d'un étalon sonore, donné par un *diapason arbitraire,* accepté par tous, n'eut et ne put avoir aucune influence sur le rapport des échelons dans le mode, ni sur le rapport de ces échelons avec les monosyllabes qui les représentaient dans la langue parlée. Nul ne peut soutenir le contraire. — Poursuivons.

La théorie de la facture instrumentale ne put évidemment être calquée que sur la théorie vocale; c'est à dire que, quelque point de départ que l'on prît dans l'échelle musicale, on dut accorder l'instrument de manière à produire la série *ut, ré, mi,* etc., plus ou moins souvent répétée d'octave en octave et donnant les sept modes naturels. Evidemment, cela ne put encore exercer aucune influence sur le mode ni sur la langue musicale.

Voici d'où vint le mal:

L'instrument, quel qu'il fût (2), avait des sons fixes. Lorsque l'instrumentiste prit pour point de départ l'*ut* de son instrument pour le mode d'*ut,* et le *la* pour le mode de *la,* tout alla le mieux du monde. Si l'instrument était bien construit et bien accordé, il se trouvait d'accord avec la voix prenant le même point de départ que lui. Mais quand l'instrumentiste voulut, à l'exemple du vocaliste, prendre d'autres points de départ pour les deux seuls modes usités aujourd'hui, il se trouva qu'il produisait d'autres modes que ceux qu'il voulait faire entendre... Il donnait les modes de *fa,* de *sol,* de *ré,* etc., au lieu des modes d'*ut* et de *la,* les seuls demandés (voir le tableau de la page 21). C'est, qu'en effet, l'instrument ainsi construit étant à la fois *omnimode* et *solitone* pour chaque mode, ne pouvait, en conséquence, donner chacun des modes qu'à un *seul ton,* celui que marquait sa note de départ. Arrêté par cette imperfection de l'instrument, quelqu'un dut faire le raisonnement suivant:

« Le mode étant toujours identiquement le même, quel qu'en soit le point de départ, il faudrait qu'en partant de chacun des sept sons de l'échelle instrumentale, l'instrument fournît une série identique, le mode d'*ut* ou le mode de *la,* ces deux modes étant les seuls usités. Eh bien! puisque nous avons su placer sur notre instrument les secondes majeures et les secondes mineures, de manière à produire un *ordre donné,* un *mode;* nous saurons bien encore, si un point de départ nouveau vient à troubler cet ordre, le rétablir, en ayant recours à des *sons de remplacement* qui

____

(1) Ce n'est qu'au commencement du dix-huitième siècle que l'on eut vraiment un diapason général.

(2) Je ne parle pas du cor.

puissent rendre majeure une seconde mineure, et réciproquement. Et cette opération, si elle est bien faite, permettra de prendre, sur l'instrument ainsi modifié, un point de départ différent d'*ut* ou de *la*, pour reproduire l'un de ces deux modes ; c'est-à-dire que l'on pourra partir de la note que l'instrumentiste nomme *fa*, *sol*, *ré*, etc., et reproduire cependant, non plus le mode de *fa*, de *sol*, de *ré*, mais bien le mode d'*ut* ou le mode de *la*. » Voilà l'origine du *dièse* et du *bémol*, qui n'ont pas d'autre raison d'être que de substituer une des secondes à l'autre, pour reproduire, sur les instruments à sons fixes, un type quelconque.

Mais de ce que, par de grandes complications de mécanisme, on était parvenu à pouvoir prendre, sur un instrument à sons fixes, chacun des sept échelons de la série pour reproduire un mode donné, c'est-à-dire pour le jouer dans *sept* tons différents, fallait-il mettre l'instrument au-dessus du larynx qui, lui, reproduit tout naturellement, et sans l'aide d'aucun artifice, le même mode, non pas dans *sept* tons, mais dans *tous* les tons possibles? — De ce que l'instrument à sons fixes a besoin de quatre sons de remplacement, quand il veut reproduire le mode d'*ut* en partant de son *mi*, fallait-il condamner le larynx, instrument omnitone par excellence, à prendre, lui aussi, les quatre dièses de l'instrument, et *pervertir* sans raison la belle langue de Gui d'Arezzo, en forçant le larynx à chanter le mode d'*ut* avec la langue de *mi* (1)? A l'instant, *tous les rapports naturels et absolus*, indiqués jusque-là par les monosyllabes de Gui d'Arezzo, furent anéantis, et *ut ré*, par exemple, au lieu d'exprimer toujours et partout une seconde majeure, put et dut représenter à volonté : ut-ré, ut-ré bémol, ut-ré dièse, ut dièse-ré, ut bémol-ré, ut dièse-ré dièse, ut bémol-ré bémol, ut bémol-ré dièse, ut dièse-ré bémol. Voilà le moment de la confusion des langues dans l'intonation, voilà le moment où les musiciens ont quitté la route de Gui d'Arezzo et de la vérité, où ils ont abandonné la théorie vraie, naturelle, la théorie du larynx, pour adopter, sans s'en apercevoir peut-être, la théorie fausse, artificielle de l'instrument incomplet.

Voilà ce que mes vingt et un adversaires ont oublié, voilà ce qu'il faut leur rappeler et ce qu'il faut montrer à tous, pour que l'on revienne à la langue *vocale*, à la langue modale, à la langue fonctionnelle, détrônée depuis si longtemps par la langue *instrumentale*, par la langue du ton absolu.

Et je vous le demande, Messieurs, quel bon sens, quelle justice y a-t-il à forcer le larynx, instrument omnitone, qui se monte instantanément, — je dirai machinalement, — au ton voulu, à pervertir la langue fonctionnelle qui lui sert pour chanter le même mode dans tous les tons, et à changer perpétuellement les rapports absolus des mots de cette langue, sous le prétexte misérable que le piano, — qui ne parle d'ailleurs aucune langue, — est contraint, par son mécanisme vicieux, d'avoir une corde de remplacement, un dièse ou un bémol, quand il part d'une touche plutôt que d'une autre? Pourquoi donc le cor a-t-il des tubes de rechange? et pourquoi ne lui faites-vous pas aussi son procès?

Voilà la véritable source du mal : chacun, prenant son instrument comme type, comme étalon, a dit : je joue en *mi*, je joue en *ré*, pour indiquer qu'il prenait pour base de son mode, la touche qui, sur son clavier (je suppose un piano), porte le nom de *mi* ou de *ré* ; touches qui, relativement à un autre diapason, porteraient des noms différents.

Les musiciens se sont, peu à peu, habitués à penser *à travers* leur instrument ; contraints, par chaque ton nouveau, à des mécanismes nouveaux, à des changements perpétuels de doigtés, ils ont fini par oublier que ces dièses et ces bémols n'étaient que des moyens imaginés pour venir en aide à l'impuissance radicale de

______

(1) En chantant, les écoles officielles emploient le même mot, pour le son naturel, le dièse et le bémol : *mi*, par exemple, pour exprimer *mi*, *mi dièse* et *mi bémol*.

l'instrument qui, sans eux, ne pourrait donner chaque mode qu'à un ton unique, à celui marqué par sa note de départ. Oubliant que le larynx prend spontanément tous les tons, et que ce n'est que pour l'imiter de très-loin que l'instrument a eu recours aux dièses et aux bémols, ils ont, dans leur inconcevable aveuglement, condamné ce pauvre larynx à suivre la route instrumentale et à se mettre aussi des *cordes*, cordes de remplacement, des dièses et des bémols ; et cet aveuglement, devenu chronique, est aujourd'hui plus fort que jamais ; et, comme toutes les affections chroniques, il est devenu, pour ainsi dire, incurable. Puis, le mal a engendré le mal ; et parce que certains instruments, le piano, par exemple, n'ont pas permis de faire les secondes mineures à leur longueur normale, on les a faites plus grandes, on a confondu le dièse, *satellite ascendant*, avec le bémol, *satellite descendant*, l'hydrogène avec le plomb ; et on est arrivé à cette chose anti-scientifique : la *synonymie*, confondant un pis-aller, une tolérance de l'oreille, avec une loi physique !... c'est fort.

Résumons-nous :

Les modes, tous limités à l'octave, étant des séries de rapports absolus, à quelque ton qu'on les prenne, doivent avoir chacun sa langue fixe, sa langue fonctionnelle, dans laquelle le même mot désigne toujours la même fonction du même mode.

Le ton, n'ayant aucune influence possible sur les rapports réciproques des échelons du mode, est *zéro* à ce point de vue, et la voix omnitone n'a pas à s'en préoccuper autrement que pour mettre sa tonique à la hauteur demandée.

Le larynx, se montant tout naturellement au ton demandé, doit donc reproduire toujours et partout le même mode avec la même langue. C'est le principe de Gui d'Arezzo, c'est le principe du plain-chant.

Quant à l'instrument à *sons fixes*, contraint par son infirmité native, par son vice originel, de subir des modifications de construction, pour pouvoir reproduire un mode dans plusieurs tons, qu'il modifie son doigté à chaque ton, qu'il subisse la dure loi de la nécessité, il ne peut s'y soustraire ; mais qu'il ne vienne plus imposer son mécanisme humain à la perfection divine du larynx ! C'est un crime de lèse-divinité.

Encore une fois, je le demande à tout être sensé : de ce qu'un instrument défectueux a besoin d'une foule de mécanismes compliqués pour pouvoir imiter de très-loin un instrument parfait, doit-on condamner cet instrument parfait à subir ces mécanismes d'emprunt dont il n'a que faire, puisque ce serait pour S'IMITER LUI-MÊME, *toujours* PÉNIBLEMENT *et souvent* TRÈS-MAL. Et parce qu'un bœuf a besoin d'un chalan, ou d'un pont, pour traverser une rivière, faut-il que l'hirondelle se serve aussi d'un chalan, d'un pont, et non de ses ailes ?

Cette conduite de forcer la voix à prendre des dièses et des bémols, parce que le piano en a besoin, est aussi insensée que le serait celle d'un tyran imbécile qui voudrait contraindre la population tout entière, quoique bien constituée et pourvue de tous les organes que nous devons à la munificence divine, à se mettre une jambe de bois, de fausses dents et un œil de verre, parce que lui, tyran, serait né bancal, édenté et borgne !... L'un n'est pas plus monstrueux que l'autre !...

Vous avez confondu deux théories qui n'ont rien de commun : la théorie du larynx omnitone et la théorie de l'instrument à sons fixes.

Voilà, Messieurs, le vrai nœud de la question : Eh bien ! qu'ont fait les deux écoles ?

A l'exemple de Gui d'Arezzo et en nous soumettant aux lois de la science, NOUS, nous chantons le même mode avec la même langue, sans nous soucier de ce qu'est obligé de faire l'instrument. Cette doctrine, basée sur la THÉORIE DES RAPPORTS, rend l'intonation accessible à l'humanité tout entière.

VOUS, au contraire, oubliant Gui d'Arezzo, que vous citez toujours sans l'avoir compris, et niant du même coup la perfection du larynx et la science des rapports, vous vous faites les humbles esclaves de votre piano, et, condamnant le larynx à l'imiter, vous suivez la THÉORIE DU TON ABSOLU et vous condamnez l'immense majorité de la population à ne jamais lire la musique.

Dans cet exposé général, qui aura peut-être paru un peu long au lecteur, mais qu'il n'a pas dépendu de moi de faire plus court, j'ai passé à dessein sous silence, 1° les modes chromatiques et le mode enharmonique; 2° les modulations. Voici pourquoi :

1° Je n'ai rien dit des deux modes *chromatiques* et du mode *enharmonique*, parce que leur théorie générale (toujours pour la voix omnitone), rentre dans celle des deux modes diatoniques, puisque les échelons nouveaux que l'on y rencontre marquent également des *rapports fixes*, des *fonctions* et non des *individualités* sonores de l'échelle générale des sons. Dans la question générale, il n'y avait donc pas plus à m'occuper de ces trois modes que des variantes du mode mineur.

2° Quand il survient une modulation, c'est-à-dire quand le compositeur change de *ton*, de *mode* ou de *ton* et de *mode* en même temps, il se présente deux cas :

PREMIER CAS. Le compositeur passe du *majeur* au *mineur relatif*, ou *réciproquement*; en un mot, il passe d'un relatif à l'autre. Dans ce cas, il n'y a pas *perturbation* dans les rapports des échelons (1), la langue et l'écriture des deux relatifs conservant exactement ces rapports. Seulement, il y a *substitution* de la langue mineure à la langue majeure, ou réciproquement ; la langue de *la* remplace la langue d'*ut*, ou bien la langue d'*ut* remplace la langue de *la*. Cette modulation n'entraîne avec elle aucune difficulté.

DEUXIÈME CAS. Le compositeur change de *ton* sans changer de *mode*; ou, en changeant de *mode*, il prend un autre *ton* que le *ton relatif*.

Ici les fonctions sont immédiatement *perverties*, par rapport au point de départ ancien (2), et rien au monde ne peut faire qu'elles ne le soient pas. Deux cas se présentent encore ici.

Si *la modulation est courte*, si la *perversion* dans les fonctions n'est pas de longue durée, si elle laisse toujours pressentir qu'elle va cesser, la langue et l'écriture, pour être logiques, doivent indiquer cette *perversion momentanée* tant qu'elle est sentie par l'oreille ; les *accidents* qui caractérisent cette *perversion* de fonctions, doivent donc être visibles, et, pendant un instant, tout est à l'état *révolutionnaire* : fonctions, langue, écriture, jusqu'au moment où, cette courte modulation cessant, tout rentre dans l'ordre primitif.

Mais si *la perversion est de longue durée*, si la modulation conduit à perdre complétement le souvenir de l'ancienne tonalité, le nouveau ton finit par *régner* seul et par remplacer l'ancien dans l'oreille du chanteur. A ce moment, on n'a plus le sentiment d'une modulation ; il n'y a donc plus aucun motif de laisser la langue et l'écriture en contradiction avec la tonique réelle. Eh bien ! une simple mutation de syllabe et de signe, ramène à l'instant la langue et l'écriture modales, jusqu'au moment où il plaît au compositeur de recommencer une nouvelle modulation.

Ici encore, c'est nous qui avons l'avantage sur nos adversaires. Quand la modulation est courte, nous la subissons comme eux (3); mais quand elle est suffisamment

---

(1) C'est le même système de vibrations qui a fourni le mode que l'on quitte et le mode que l'on prend ; il n'y a rien de changé dans les rapports, chaque système donnant toujours, forcément, les sept modes du plain-chant.

(2) Cette fois, le système de vibrations qui avait fourni le ton que l'on quitte diffère complétement de celui qui a fourni le ton que l'on prend : tout est changé dans les rapports.

(3) Cependant nous conservons toujours l'avantage de partir d'*ut* et d'être moins exposés à des modulations très-avancées.

longue pour que nous ayons recours *à la mutation*, nous sommes *immédiatement* délivrés de la modulation, qui continue de peser de toute sa *durée* sur nos adversaires.

ÉCRITURE DE L'INTONATION.

Arrivons maintenant à l'écriture de l'intonation, à la *langue écrite*, dont je n'ai pas voulu m'occuper jusqu'à ce moment, parce qu'elle ne doit être qu'un simple corollaire de la *langue parlée*, surtout quand cette langue est parfaite comme celle de Gui d'Arezzo, complétée par Lemaire et par ceux (1) qui ont créé les noms des dièses et des bémols. Il n'est toujours question ici que de la voix.

La *langue parlée* étant *modale* et *fonctionnelle*, la *langue écrite* doit être *modale* et *fonctionnelle ;* c'est-à-dire qu'elle doit indiquer les rapports fixes des échelons, dans chaque mode, *abstraction faite du degré d'élévation, du point de départ, du ton* et *de la nature grave ou aiguë de la voix* pour laquelle on écrit.

Nous dirons donc :

A. La langue parlée a *sept mots*, pour les deux modes principaux; pour les modes diatoniques, la langue écrite aura *sept signes*.

B. De plus, chaque mode se reproduisant identiquement *le même, d'octave* en *octave*, les mêmes noms devront être partout représentés par les mêmes signes, indiquant, par eux-mêmes, l'octave à laquelle ils appartiennent.

C. *Les deux modes chromatiques, le mode enharmonique et les modulations*, exigeant des dièses et des bémols, et même quelquefois des doubles-dièses ou des doubles-bémols, l'écriture aura des signes spéciaux pour les dièses, les doubles-dièses, les bémols et les doubles-bémols.

D. *Le ton*, ne pouvant avoir aucune action sur le mode, ne doit pas influer sur l'écriture modale. Un mot suffit, en tête du morceau, pour l'indiquer.

E. *Le genre de voix* ne pouvant non plus avoir aucune action sur le mode, ne doit pas influer sur l'écriture modale. Un mot suffit aussi pour l'indiquer.

F. *La modulation*, qui demande une mutation de syllabe, sera indiquée par un mot qui désigne le ton nouveau.

Voilà ce que doit être l'écriture, pour être bonne; voici ce qu'elle est dans les deux écoles opposées.

1° Dans L'ÉCOLE GALIN-PARIS-CHEVÉ :

A. Les sept premiers chiffres représentent les sept monosyllabes UT–RÉ–MI–FA–SOL–LA–SI.

B. Pour les octaves, un point placé sous le chiffre indique l'octave grave, un point placé au-dessus, l'octave aiguë, et le chiffre sans point, l'octave du médium, de la manière suivante :

Octave aiguë,	i̇ 2̇ 3̇ 4 5̇ 6̇ 7̇
Octave du médium ,	l 2 3 4 5 6 7
Octave grave,	i̩ 2̩ 3̩ 4̩ 5̩ 6̩ 7̩

C. Les *dièses* se marquent par un *accent aigu* sur le chiffre, les *bémols* par un *accent grave*. Le *double*-dièse et le *double*-bémol, par des accents *doubles*, comme on le voit ci-après.

Dièses, ✝ 2́ 3́ 4́ 5́ 6́ 7́. L'accent aigu indique le son plus aigu.
té, ré, mé, fé, jé, lé, sé.

Bémols, ✝ 2̀ 3̀ 4̀ 5̀ 6̀ 7̀. L'accent grave indique le son plus grave.
teu, reu, meu, feu, jeu, leu, seu.

---

(1) Aimé Paris, d'après Framery.

Les cinq modes s'écrivent donc ainsi :

Mode majeur,   1 2 3 4 5 6 7 i̇

Mode mineur,   6̣ 7 1 2 3 4 5̄ 6

Chromatique ascendant,   1 +2 2̄ 3 4 +4 5 5̄ 6 6̄ 7 i̇

Chromatique descendant, i̇ 7 +7 6 6̄ 5 5̄ 4 3 3̄ 2 2̄ 1

Enharmonique,   1 2̄ +2 2̄ 3 +3̄ 2̄ 3 4 5̄ +4 5 6̄ 5̄ 6 7̄ +6̄ 7 i̇

D. Le ton de départ s'indique par un mot au début : ton de *ré*, ton de *mi*, ton de *si bémol*, etc. Le lecteur prend le *ré*, le *mi*, le *si bémol*, etc, et le nomme *ut*, si le mode est *majeur; la*, si le mode est spécifié *mineur*.

E. La *voix* s'indique comme le *ton*, par un mot au début : 1er soprano, 2e ténor, 2e basse, etc. Si l'homme chante un morceau indiqué pour une voix de femme, et qu'il veuille le rendre à son élévation réelle, il le chante à l'octave aiguë; si c'est la femme qui lit un morceau écrit pour voix d'homme, elle le chante à l'octave grave.

F. Les modulations s'écrivent avec les dièses et les bémols voulus, 4 +, etc., 7 3, etc. Quand la modulation cesse, on reprend les signes diatoniques, 4 | . . 7 3 . . . Le bécarre n'a pas de raison d'être.

Si la modulation est d'assez longue durée pour mériter une *mutation de syllabes*, deux notes (deux chiffres), mises entre parenthèse, au-dessus du signe sur lequel se fait la mutation, servent à reprendre la langue modale, majeure ou mineure, selon le cas.

Ainsi, qu'une modulation se fasse, *en majeur*, sur la tierce majeure supérieure *mi*, ou sur la tierce majeure inférieure *leu*, on écrit (3—1) au-dessus de *mi*, ou (6—1) au-dessus du *leu*, et le lecteur conservant le son du *mi* ou celui du *leu*, devenu tonique, leur applique le nom de *ut*, et retrouve le nouveau ton écrit dans la langue d'*ut*. Ainsi des autres.

Cette écriture, on le voit, répond à toutes les exigences de la science; elle est la traduction fidèle de la langue parlée; elle en partage la perfection; elle est complète, facile et à la portée de tout le monde.

2° Dans l'école officielle.

A. SEPT POSITIONS superposées représentent les sept monosyllabes *ut-ré-mi-fa-sol-la-si*. La position est indiquée par un signe appelé *note*.

B. L'alphabet change avec *l'octave*. La portée ayant *onze* positions, sans compter les barreaux supplémentaires, les signes qui représentent un son, une fonction, à ses diverses octaves, n'ont aucun rapport, et chaque octave demande une étude spéciale des signes, comme le montre l'exemple suivant :

Quel rapport de position y a-t-il entre ces trois signes? Et il en est de même de chacun des six autres signes. Il faut apprendre autant d'alphabets qu'il y a d'octaves.

C. Les *dièses* et les *bémols* se marquent à l'aide des deux signes ♯ ♭ que l'on met en avant de la note qui doit-être diésée ou bémolisée. Le même point sur le même barreau représentant le dièse, le bémol et le son diatonique, et le dièse et le bémol influençant tous les sons de même nom qui le suivent dans la même mesure, il a fallu inventer un signe pour ne plus faire le dièse ou le bémol : c'est le bécarre, qui ne doit sa raison d'être qu'à la manière vicieuse dont on écrit le dièse et le bémol.

D. L'écriture étant tonale et non modale, varie à chaque *ton*. Ainsi, et en ne prenant pour le moment que la clé de *sol*, l'écriture présente successivement un, deux, trois, quatre, cinq, six ou sept dièses, suivant que la tonique est *sol, ré, la, mi, si, fa dièse, ut dièse ;* ou bien un, deux, trois, quatre, cinq, six ou sept bémols, si la tonique est *fa, si bémol, mi bémol, la bémol, ré bémol, sol bémol ou ut bémol.* Ce n'est qu'en *ut* que l'on ne rencontre ni dièses ni bémols. De plus, et bien qu'il n'y ait qu'une seule clé, la tonique change continuellement de place et occupe successivement les sept positions de l'échelle. Cette manière d'écrire le ton met le lecteur dans l'alternative, *toujours très-fâcheuse,* ou de lire les langues tonales comme l'instrument, en se tirant comme il peut des dièses et des bémols qui les constituent ; ou bien de lire les langues modales d'ut ou de la, et alors il faut qu'il puisse lire *sur toutes les clés.* — Il n'y a pas de moyen terme. C'est là un des grands vices du système actuel, qui condamne la voix *omnitone* à l'écriture *tonale* impérieusement réclamée par l'imperfection des instruments à sons fixes. — C'est là une des grandes pierres d'achoppement pour l'immense majorité des élèves. C'est à ce point que certains éditeurs reculent devant la publication des romances qui ont de trop *fortes armures,* pour employer le langage si pittoresque de M. F. Halévy, dans ses *Leçons de lecture musicale.*

E. Les clés. On peut encore, à la rigueur, comprendre que l'exemple de l'instrument ait conduit à substituer, pour la voix, la langue et l'écriture tonales de l'instrument, à la langue et à l'écriture modales de la voix : l'habitude de l'instrument y a presque fatalement poussé. Mais comment justifier l'adoption des clés multiples, pour indiquer le degré *relatif* d'acuité ou de gravité de la voix ? Comment comprendre qu'il se soit trouvé un homme capable d'imaginer de changer la signification des lettres de l'alphabet sous le singulier prétexte que la voix du lecteur est plus aiguë ou plus grave ? Comme s'il pouvait y avoir rien de commun entre une écriture qui rend une idée, et le genre de voix du lecteur qui lit cette écriture ? — Je le répète, au lieu d'indiquer la voix, par un mot : 1er ténor, contralto, etc, le système usuel a eu l'incompréhensible idée de changer la signification de l'alphabet, selon l'acuité ou la gravité de la voix, de telle façon que, *suivant la voix qui lit, selon la clé,* les sept positions de la portée peuvent indiquer le même son, et qu'une seule position peut désigner tous les sons : Voici un exemple qui suffit, à lui seul, pour faire condamner cette écriture.

Toutes les positions veulent dire *ut*, dans l'exemple suivant :

La même position exprime les sept sons de la gamme, dans cet autre exemple :

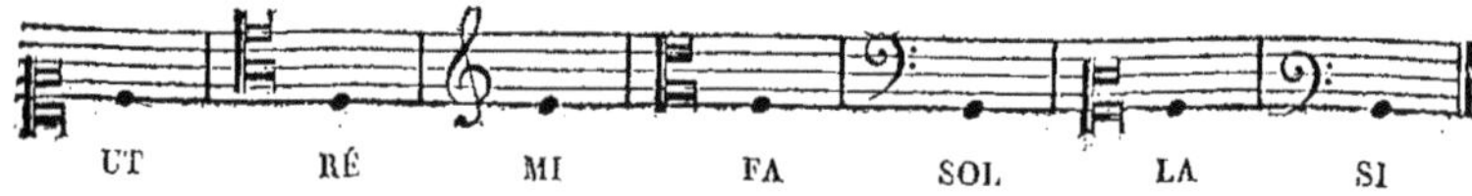

Jamais, dans aucune science, on n'a rien inventé de pareil. Aussi cette écriture est-elle si malheureusement conçue, que, si elle était rigoureusement suivie et que chacun ne s'occupât que de sa clé, sept airs étant écrits sur les sept clés, pour les sept voix, chacun ne saurait lire qu'un des sept airs. Et voilà ce que l'on décore du nom d'écriture universelle, alors que l'on peut voir, dans le même orchestre, cette chose si éminemment ridicule, la flûte rester court devant la partie notée pour le basson et réciproquement!

Je le répète : on n'a véritablement jamais rien imaginé de pareil : changer la signification des lettres à mesure que la voix du lecteur devient plus grave ou plus aigüe. Aussi l'impossibilité, pour les masses, de lire sur toutes les clés, a fait tomber en désuétude plusieurs d'entre elles ; et les vocalistes, en dehors des partitions savantes, n'ont plus guère aujourd'hui chez nous à redouter que la clé de *sol* sur la seconde ligne et celle de *fa* sur la quatrième. Mais cet abandon lui-même prouve, jusqu'à l'évidence, que les clés sont inutiles, puisque six voix sur huit peuvent se passer des leurs. C'est qu'en effet pour les voix, les clés, comme les armures, n'ont pas de raison d'être ; il y a longtemps que cela a été démontré...

F. Quand la modulation n'est pas de longue durée, généralement on l'indique par les *accidents* disséminés chemin faisant ; c'est aussi ce que nous faisons, parce qu'on ne peut faire autrement. Mais quand la modulation est de longue durée, on change ordinairement l'armure, ce qui fait encore changer la tonique de place sur la portée. Le lecteur, pour conserver le *ton absolu*, est donc obligé de changer de langue tonale, jusqu'au moment où une nouvelle armure vient encore lui imposer une autre langue tonale, toujours pour conserver le *ton absolu*.

RÉSUMONS :

CHEZ NOUS,
Point d'armure, point de clé, point de changement de langue.

CHEZ VOUS, au contraire :
Quinze armures, sept clés, changement perpétuel de langue.

Aussi, chez nous, — l'intonation rendue accessible à tous.
Chez vous, — l'intonation inaccessible à l'immense majorité.

Et encore n'ai-je pas mis en ligne de compte notre puissant moyen d'action : les exercices, que vous avez eu le *malheur* de vouloir tourner en mauvaise plaisanterie ; je dis le *malheur*, parce qu'en effet, le moment n'est pas éloigné où tous en auront reconnu l'immense puissance, comme l'ont déjà fait tous les professeurs qui les ont adoptés, après expérimentation ; et alors, que pensera-t-on d'un pareil jugement porté par toute la section musicale de l'Institut, moins l'honorable M. Reber ?

Acceptez, Messieurs, de comparer ces *innocents* exercices à ceux que vous patronez tous, à ceux que vient de publier M. Halévy ! Faisons une expérience comparative, et vous aurez promptement constaté que l'œuvre de madame Chevé est aussi supérieur au travail de M. Halévy, qu'une locomotive est supérieure à une charrette. L'expérience vaut la peine d'être faite ; elle est d'ailleurs d'une exécution prompte et facile.

B. MESURE.

Arrivons à la deuxième partie de notre tâche ; elle sera, je l'espère, plus facile et plus courte que la première. Il nous suffira de répondre aux questions suivantes :

1° Quel est le moyen imaginé pour mesurer la durée des sons musicaux et avoir une *unité* de durée ? Sans unité, en effet, point de comparaison possible.

2° D'après quelles lois se groupent ou se fractionnent ces durées ?

3° Écriture des durées.

4° En quoi doit consister une langue des durées ?

Passons donc rapidement en revue ces quatre questions.

1° *La mesure.*

Quel est le moyen imaginé pour mesurer la durée des sons musicaux ? En d'autres termes : qu'est-ce que la mesure ?

Ecoutez une musique militaire en marche, écoutez un orchestre de bal, et, pour peu que vous n'ayez pas une organisation musicale tout à fait négative, vous allez marcher au pas avec la troupe, ou danser en mesure... A quoi cela peut-il tenir ?

Cela tient à une des conditions physiques du son, à son *intensité*, condition accessible à tous, et dont les musiciens ont tiré parti avec un grand bonheur, pour constituer *la* mesure en musique, c'est-à-dire pour en faire le moyen de mesurer la durée des sons musicaux. Voici comment : si l'on écoute un air avec attention, on a bientôt remarqué qu'à des intervalles très-courts et parfaitement égaux apparaissent des sons plus fortement articulés, c'est-à-dire *plus intenses* que leurs voisins ; et qui, par ce seul fait d'être plus intenses, font une impression plus profonde sur l'oreille. Mis en relief, ils forment, pour ainsi dire, de véritables jalons auriculaires que l'on remarque forcément. Ces sons en relief, ces sons-jalons, constituent la mesure, qui peut être ainsi définie : *la* mesure est l'apparition régulière, à des intervalles très-courts et parfaitement égaux, de sons plus forts que leurs voisins, de sons-jalons qui morcellent la *durée totale* d'un air en *petites parties égales*, dont chacune se nomme *une mesure ;* ce qui permet à l'oreille d'apprécier plus facilement les durées relatives des sons qu'elle ne le ferait sans ce morcellement. *La* mesure est donc due à l'apparition régulière des sons-jalons, et *une* mesure est la durée qui s'écoule entre l'apparition de deux jalons consécutifs. *La* mesure est le *contenant,* et *une* mesure est le *contenu.*

En écoutant un grand nombre d'airs, à ce nouveau point de vue du jalonnement, on constate une nouvelle particularité : c'est que le jalonnement n'est pas toujours le même ; quelquefois, en effet, le jalon apparaît de *deux en deux ;* d'autres fois de *trois* en *trois,* et même, à la rigueur (1), de *quatre* en *quatre.* Mais, au delà, on ne trouve plus rien. Donc, cette petite durée appelée *une* mesure et qui est limitée par deux jalons consécutifs présente trois variétés :

1° Quand le jalonnement est binaire, la mesure contient un son fort et un son faible ;

2° Quand le jalonnement est ternaire, la mesure contient un son fort et deux sons faibles ;

3° Quand le jalonnement est quaternaire, la mesure contient un son fort et trois sons faibles.

Puisqu'il existe trois variétés de mesure, il a fallu créer une *unité relative,* pour pouvoir les comparer entre elles. C'est cette unité qui a reçu le nom de *temps.*

2° *Le temps et ses divisions.*

Le *temps* est donc la moitié, le tiers ou le quart d'une mesure, quelle que soit la durée absolue de cette mesure, variable pour chaque air, imposée par le compositeur ou laissée à l'arbitraire du chanteur.

Une mesure contient donc :

Deux temps — un temps fort et un faible.

Trois temps — un temps fort et deux faibles.

Ou *quatre* temps — un temps fort et trois faibles.

Parvenue à ce point, si l'oreille porte son attention sur les divisions que peut subir

---

(1) Nous nous conformons à l'usage en admettant la mesure à 4 temps, qui n'est vraiment qu'une mesure à 2 temps.

l'unité de durée, sur le *temps*, elle a bientôt fait une autre remarque ; c'est que le temps se divise en *deux* ou en *trois* parties égales, c'est-à-dire qu'il subit la division *binaire* ou la division *ternaire*. Ce fait se produisant dans chacune des trois espèces de mesure, — 2 temps, 3 temps, 4 temps, — donne naissance à trois variétés pour chacune d'elles, selon que l'on n'emploie que *la division binaire*, que *la division ternaire*, ou qu'on les emploie toutes deux ensemble : *division mixte*. (*Voir*, p. 35, le tableau de ces neuf formes.)

L'analyse, portée plus loin, fait découvrir que cette loi si simple de la division par 2 et par 3, appliquée à *l'unité*, s'applique également aux *moitiés* et aux *tiers*, obtenus par la division binaire ou ternaire du temps ; de sorte qu'après la division *binaire* ou *ternaire*, apparaît la subdivision *binaire* ou *ternaire* ; et, si l'oreille peut atteindre à une troisième division, c'est encore, et uniquement, à l'aide des seuls facteurs premiers 2 et 3 qu'elle opère.

Ce fait une fois bien constaté, nous le formulons de la manière suivante : l'oreille ne reconnaît pour diviseurs de la durée des sons musicaux que les deux facteurs premiers 2 et 3. Elle refuse comme diviseurs tous les autres nombres premiers 5, 7, 11, 13, etc.

Tout ce qui est relatif aux durées peut donc se résumer ainsi :

Une *unité* de durée, variable pour chaque air, étant donnée, l'oreille sent, de *deux* en *deux*, de *trois* en *trois*, ou de *quatre* en *quatre*, un son plus fort, un son-jalon, qui constitue la mesure, laquelle est à *deux*, à *trois* ou à *quatre* temps.

L'*unité* de durée, le *temps*, se divise par 2 ou par 3, ce qui donne des *moitiés* et des *tiers*.

La *moitié* et le *tiers* se divisent par 2 ou par 3, ce qui donne :

La moitié en deux — quarts groupés 2 à 2.

La moitié en trois — sixièmes groupés 3 à 3.

Le tiers en deux — sixièmes groupés 2 à 2.

Le tiers en trois — neuvièmes groupés 3 à 3.

A leur tour, le *quart*, le *sixième* et le *neuvième*, divisés par 2 ou par 3, fournissent des *huitièmes*, des *douzièmes*, des *dix-huitièmes* et des *vingt-septièmes*.

Ajoutons à cet exposé que la durée à exprimer peut être celle d'un son *articulé actuellement*, celle d'un son déjà émis et *prolongé actuellement*, enfin celle d'un *silence* quelconque.

Toute la question des durées se résume donc, je le répète, dans les lignes suivantes :

Un *son-jalon*, indicateur de *la* mesure, et apparaissant de 2 en 2, de 3 en 3 ou de 4 en 4.

L'*unité* de durée, le *temps* fixé pour chaque air, divisé par 2 ou par 3.

La *moitié* et le *tiers*, subdivisés par 2 ou par 3.

Le *quart*, le *sixième* et le *neuvième*, subdivisés par 2 ou par 3.

Il faut, de plus, pouvoir indiquer :

Le *son articulé*.

Le *son prolongé*.

Le *silence*.

Rien n'est plus facile. Voyons comment les deux écoles ont représenté ces idées si simples et si claires.

Les deux tableaux suivants mettent en regard les deux systèmes ; un simple coup d'œil suffit pour être édifié sur leur clarté relative.

(Suivre le texte à la page 34, en passant les tableaux des pages 82 et 83.)

MÉTHODE GALIN-PARIS-CHEVÉ.

TABLEAU DES DIVISIONS ET SUBDIVISIONS BINAIRES ET TERNAIRES DE L'UNITÉ DE DURÉE, DU TEMPS.

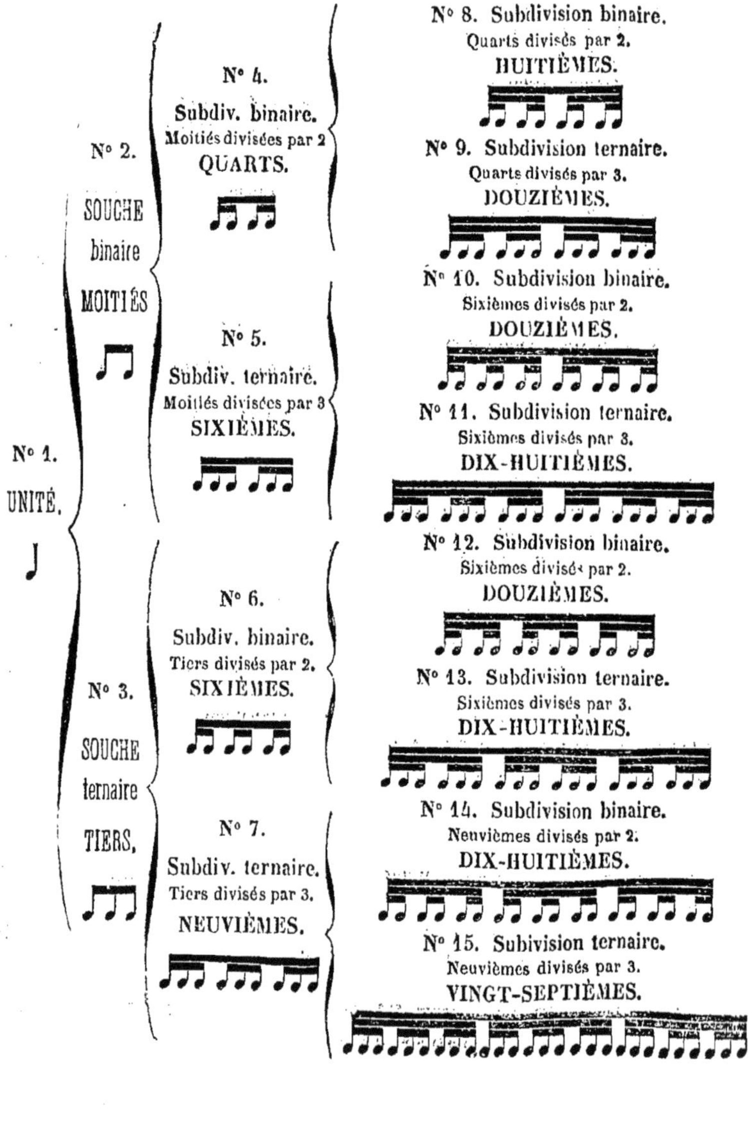

N° 1.
UNITÉ.

N° 2.
SOUCHE binaire
MOITIÉS

N° 3.
SOUCHE ternaire
TIERS,

N° 4.
Subdiv. binaire.
Moitiés divisées par 2
QUARTS.

N° 5.
Subdiv. ternaire.
Moitiés divisées par 3
SIXIÈMES.

N° 6.
Subdiv. binaire.
Tiers divisés par 2.
SIXIÈMES.

N° 7.
Subdiv. ternaire.
Tiers divisés par 3.
NEUVIÈMES.

N° 8. Subdivision binaire.
Quarts divisés par 2.
HUITIÈMES.

N° 9. Subdivision ternaire.
Quarts divisés par 3.
DOUZIÈMES.

N° 10. Subdivision binaire.
Sixièmes divisés par 2.
DOUZIÈMES.

N° 11. Subdivision ternaire.
Sixièmes divisés par 3.
DIX-HUITIÈMES.

N° 12. Subdivision binaire.
Sixièmes divisés par 2.
DOUZIÈMES.

N° 13. Subdivision ternaire.
Sixièmes divisés par 3.
DIX-HUITIÈMES.

N° 14. Subdivision binaire.
Neuvièmes divisés par 2.
DIX-HUITIÈMES.

N° 15. Subivision ternaire.
Neuvièmes divisés par 3.
VINGT-SEPTIÈMES.

TABLEAU DES HUIT SIGNES DE L'UNITÉ [1]

AVEC LEURS DIVISIONS ET SUBDIVISIONS.

(1) L'indication de ce tableau se trouve à la page 39.

3° *Écriture des durées.*

1° Dans l'École GALIN-PARIS-CHEVÉ :

A. Le *son articulé* est représenté par un chiffre indiquant le son demandé.
Le *son prolongé*, par un point placé à la suite du chiffre qui a provoqué l'articulation.
Le *silence* par le zéro.

B. Le *son-fort*, le *jalon auriculaire*, est indiqué par une barre verticale, par un *jalon oculaire*, nommé *barre de mesure*, et qui précède, à gauche, le son que l'on doit articuler plus fortement. Notre école a emprunté ce signe à l'écriture usuelle, parce qu'il est bon et qu'il n'y avait aucun motif d'en créer un autre.

C. L'*unité non divisée*, le *temps*, s'exprime par un signe ISOLÉ, *chiffre*, *point*, ou *zéro*, selon qu'il s'agit d'un *son articulé*, d'un *son prolongé* ou d'un *silence*.

D. La *première division*, binaire ou ternaire, s'indique par *un* trait horizontal, qui recouvre *deux* signes quand la division est *binaire*, et *trois* quand elle est *ternaire*, JAMAIS PLUS, JAMAIS MOINS. L'œil voit donc, toujours et partout, les moitiés groupées 2 à 2 et les tiers 3 à 3. L'erreur, le doute, la simple hésitation ne sont jamais possibles.

E. La *deuxième division*, binaire ou ternaire, est indiquée par *deux* traits parallèles, dont le supérieur recouvre *tous* les fragments de la même unité, qu'il sépare ainsi des deux temps contigus, et dont l'inférieur, coupé en deux ou en trois, selon que la *première* division a été *binaire* ou *ternaire*, voit chacun de ses fragments recouvrir, comme le trait simple, deux ou trois signes, suivant que la *deuxième* division est, à son tour, *binaire ou ternaire*. Ainsi, non-seulement les quarts, les sixièmes et les neuvièmes se distinguent nettement au premier coup d'œil ; mais encore les divers groupements de la même fraction, les sixièmes groupés 2 à 2 ou 3 à 3, et le mélange des deux divisions, quarts et sixièmes, sixièmes et neuvièmes, ne peuvent jamais causer la moindre hésitation au lecteur.

F. La *troisième division* est indiquée par *trois* traits horizontaux. Le supérieur recouvre tous les fragments de la même unité ; le second est coupé en deux ou trois morceaux, selon que la première division a été *binaire* ou *ternaire* ; les fragments du troisième trait, dont le nombre est déterminé par la deuxième division, recouvrent chacun *deux* ou *trois* signes, selon que la troisième division est binaire ou ternaire. Ici encore, l'idée se trouve toujours exprimée d'une manière simple, claire, précise, qui laisse voir partout les deux seuls diviseurs 2 et 3, dans toutes les combinaisons que leur impose le génie ou le caprice du compositeur.

Qu'il soit question d'entiers ou de fractions, le son articulé est toujours représenté par un chiffre, la prolongation par un point, et le silence par un zéro ; la loi de groupement est la même pour tous.

Cette écriture convient également à l'instrument ; le système des durées étant le même, que l'instrument soit ou ne soit pas omnitone. C'est une écriture *de rapports*.

Le tableau de la page 32, résume ce magnifique travail dû à Galin ; c'est son chronométriste. (*Voir ce tableau, à la page* 32. Les chiffres vocaux y sont remplacés par des points à queues.)

G. Les *trois mesures*, à 2 *temps*, à 3 *temps* et à 4 *temps*, pouvant employer alternativement *la division binaire, la division ternaire* ou les deux réunies, *la division mixte*, fournissent le petit tableau suivant, qui donne le système complet, intégral, des mesures :

TABLEAU COMPLET DES MESURES.

MESURE A				Division
deux temps	| l 2 |	| $\overline{12}$ $\overline{34}$ |		Division binaire.
		| $\overline{12}$ $\overline{345}$ |		Division mixte.
		| $\overline{123}$ $\overline{432}$ |		Division ternaire.
trois temps	| l 2 3 |	| $\overline{12}$ $\overline{34}$ $\overline{54}$ |		Division binaire.
		| $\overline{12}$ $\overline{345}$ $\overline{43}$ |		Division mixte.
		| $\overline{123}$ $\overline{454}$ $\overline{321}$ |		Division ternaire.
quatre temps	| l 2 3 2 |	| $\overline{12}$ $\overline{34}$ $\overline{54}$ $\overline{32}$ |		Division binaire.
		| $\overline{12}$ $\overline{345}$ $\overline{43}$ $\overline{232}$ |		Division mixte.
		| $\overline{123}$ $\overline{454}$ $\overline{321}$ $\overline{234}$ |	Division ternaire.

Voilà l'écriture des durées, créée par Galin, et adoptée par l'École, sans aucune modification quelconque.

Cette écriture est parfaite;

1° Parce qu'elle peut exprimer *toutes les durées*.

2° Parce que *toute durée*, quelle qu'elle soit, a *son signe propre*, qui n'appartient qu'à elle, et parce qu'*elle n'en a qu'un*.

3° Parce que le système graphique, d'une grande simplicité et d'une extrême facilité d'exécution, offre en outre l'avantage de parler avec une clarté, une limpidité telles, que jamais l'erreur, la confusion, l'hésitation même ne sont possibles. Si le rhythme est mal lu, la faute n'en peut être qu'au lecteur; *jamais à l'écriture*.

De toutes les écritures que je connais, il n'y a que celle de l'arithmétique — les chiffres arabes — qui atteigne ce degré de perfection...

2° Dans l'ÉCRITURE USUELLE.

A. Le *son articulé* est représenté par l'un des sept signes suivants, nommés :

ronde,   blanche,   noire,   croche,   double-cr.,   triple-cr.,   quadruple-cr.,

qui représentent en même temps l'intonation, d'après leur position relativement à la clé.

La *prolongation*, qui est une idée simple, se représente de trois manières :
1° Par un point placé après la note, quand la prolongation est juste la moitié du signe qui précède le point : blanche pointée pour trois, noire pointée pour un et demi, etc.;
2° par un signe *double*, quand le son prolongé dure deux ou quatre temps : blanche, pour une mesure, dans la mesure à deux-quatre; ronde, pour quatre temps, dans la mesure à quatre temps; 3° dans tous les autres cas, la prolongation s'exprime par le signe de l'articulation, lié au signe précédent, par un arc appelé *liaison*. — C'est ce signe que M. Halévy nomme *liaison* OU *syncope*.

Le *silence*, idée simple encore, a, comme le son articulé, sept signes, qui correspondent à ceux de l'articulation, et qui portent les noms de :

pause, demi-pause, soupir, demi-soupir, quart   huitième   seizième
de soupir, de soupir, de soupir.

Ces signes, à l'égal de ceux auxquels ils correspondent, peuvent encore être modifiés dans leur expression par le point, qui, comme pour la note, *augmente* LEUR VALEUR *d'une moitié*. Etait-il possible d'imaginer rien de plus baroque et de plus confus, en face d'une idée si simple : *le silence ?*

B. Le *son fort* de la mesure est indiqué par le jalon oculaire, appelé *barre de mesure*. C'est la seule chose que Galin ait conservée de l'écriture usuelle, sans modification, parce que c'était la seule chose vraiment bonne qu'elle contînt. Je le répète à dessein.

C. L'unité de durée (1), le *temps*, s'écrit ainsi :

Pour le *son articulé*, par l'un des quatre signes, *rondo, blanche, noire* ou *croche*, quand la division du temps est *binaire ;* et par l'un des quatre signes : *ronde pointée, blanche pointée, noire pointée* ou *croche pointée*, quand la *division* est *ternaire*.

Cela donne la modeste somme de *huit formes* pour l'unité...

Ajoutons que ce système *n'ayant de raison d'être que dans son application à une durée prise comme durée absolue*, ne peut, en somme, représenter que quatre mouvements avec ses huit entiers !

Pour la prolongation, on emploie, comme je viens de le dire, trois formes : le point, le signe double et la liaison. Cette fois, *trois pour un !*

Enfin, l'unité de *silence* est successivement représentée par les quatre signes *pause, demi-pause, soupir, demi-soupir*, dans le système binaire ; et par les quatre mêmes, *pointés*, quand il s'agit du système ternaire.

Ainsi, ce système a quatre manières d'écrire l'entier, quand la division est binaire, et il en a quatre autres, quand cette division est ternaire, comme si l'entier, divisé par deux ou par trois, n'était pas toujours le même entier ! Quand la division du temps est ternaire, on met après le signe de l'entier, un point, qui, dit-on, *augmente ce signe de la moitié de sa valeur*, donc, *l'entier vaut*, alors, *un et demi !* Mais, dans quel pays sommes-nous donc, et à qui parlons-nous ? Hélas ! nous sommes en plein pays musical ; et voilà où en est encore aujourd'hui, en 1860, l'écriture usuelle de la musique... Et, quoique l'on possède le métronome, pour prendre l'unité conventionnelle pour chaque air, comme on prend le ton, les musiciens n'en conservent pas moins encore trois des quatre unités binaires : la blanche, la noire et la croche : pourquoi donc avoir délaissé cette pauvre ronde ?..

D. E. F. Arrivons aux divisions de l'unité.

L'unité ayant quatre signes, — je ne parle que des signes binaires, — chaque *expression fractionnaire* dut être quadruple aussi. C'est, en effet, ce qui est.

De plus, les quatre signes de l'entier marquant entre eux le rapport décroissant *un, une moitié, un quart, un huitième*, tous les signes fractionnaires durent présenter entre eux ce même rapport, de sorte que la série étant décroissante et continue, un signe quelconque dut toujours exprimer la moitié du précédent et le double du suivant. C'est encore ce qui a lieu, comme on le voit dans la série complète des sept signes avec leurs expressions numériques : La ronde vaut *deux* blanches, ou *quatre*

---

(1) Je prends le système intégral pour le faire comprendre plus facilement ; je dirai, après, ce que chaque auteur en a conservé.

noires, ou *huit* croches, ou *seize* doubles-croches, ou *trente-deux* triples-croches, ou *soixante-quatre* quadruples-croches. Remarquez que tous ces nombres, 2, 4, 8, 16, 32 et 64 ne contenant que le facteur 2, ne peuvent rien exprimer de ce qui provient du système ternaire, — tout ce qui contient le facteur 3, — tels que les *sixièmes, neuvièmes, douzièmes, dix-huitièmes*, etc., c'est-à-dire plus des trois quarts des effets de rhythme employés en musique. Voici, du reste, comment fonctionnent ces divers signes de durée, suivant *l'unité* employée.

Division binaire appliquée aux quatre signes de l'unité.

	La Ronde (O) prise pour unité.	La Blanche ($\cal d$) prise pour unité.	La Noire ($\cal J$) prise pour unité.	La Croche ($\cal J$) prise pour unité.
Signes des unités.				
Signes des moitiés.				
Signes des quarts.				
Signes des huitièmes.				

Ainsi, et en me bornant à *une seule remarque*, sur *un seul signe*, la *croche* représente successivement : *l'unité*, la *moitié*, le *quart* et le *huitième*, en la prenant dans les quatre lignes de haut en bas... Et ne venez pas dire que le *groupement* peut aider à se retrouver dans ce dédale ; loin de là : D'abord pour la voix, vous le repoussez net ; et, pour l'instrument, comme vous ne vous astreignez à aucune loi, il est rare que le groupe contienne exactement l'unité : presque toujours il contient plus ou moins. Cette écriture est véritablement très-mauvaise. Et ce n'est pas tout.

Le lecteur a remarqué que le système de division ne contient pas une seule fois le facteur trois, et que tous les signes expriment *exclusivement* des rapports binaires... Pour moi, c'est une preuve sans réplique que l'on ne chantait pas de tiers, à l'époque où on l'a créé. Comment comprendre, en effet, qu'un homme crée quatre signes pour l'entier, quatre pour la moitié, quatre pour le quart, quatre pour le huitième, et qu'il n'en crée pas quatre aussi pour le tiers ? Que dis-je ? qu'il n'en crée même pas un ? — On ne chantait pas de tiers ; il ne créa pas de signes de tiers...

Voilà probablement la vérité.

Mais, plus tard, on chanta le tiers (ou peut-être on *rechanta* le tiers) et l'on eut besoin d'un signe pour écrire le tiers.

Là, une grande faute fut encore commise ; au lieu de créer des signes pour toutes les fractions ternaires, comme on l'avait fait pour les fractions binaires, *on écrivit le système ternaire tout entier avec les signes du système binaire, sans aucune modification qui pût faire reconnaître le signe dans les deux fonctions.* On se contenta de faire suivre l'entier d'un point, dans tous les cas où le signe binaire était devenu signe ternaire. De sorte que, par suite de cette nouvelle aberration, c'est le signe de l'entier — *exprimant toujours la même idée* — qui change d'aspect ; et c'est le signe binaire, — *exprimant alternativement la division par deux et la division par trois*, qui conserve le même aspect. C'est à n'y pas croire, et, pourtant, le voici :

Division ternaire appliquée aux quatre signes de l'unité.

La *Ronde* pointée ○ • prise pour unité.	La *Blanche* pointée ♩ • prise pour unité	La *Noire* pointée ♪ • prise pour unité.	La *Croche* pointée ♪• prise pour unité.

Pour rendre encore plus facile la comparaison de cette écriture avec celle de Galin, je la reprends dans un nouveau tableau, dont les numéros de renvoi permettent le parallèle complet avec le tableau de la page 32. Il suffit de rapprocher les groupes qui portent les mêmes numéros... Je dois rappeler encore que, dans l'écriture vocale, on ne groupe pas les fractions : les notes sont généralement détachées ; et, quand on les groupe, c'est sans se préoccuper d'en faire des temps isolés.

(*Voir ce tableau à la page 33. Je l'ai mis en regard de celui de Galin, pour rendre plus facile la comparaison des deux écritures.*)

On le voit, au lieu de rencontrer, comme chez Galin, des groupes binaires ou ternaires que l'œil apprécie sans calcul, on trouve des agglomérations de croches, simples, doubles, triples, quadruples, qu'il est impossible de compter instantanément et qui doivent arrêter l'homme le plus expert. Quand on emploie les signes isolés, c'est encore pis, comme le montre l'exemple suivant, pris au hasard dans *la Juive*, de M. Halévy (p. 148).

Ou bien, lorsque l'on prend deux mesures différentes, 3/4 et 6/8 (*trois temps binaires* et *deux temps ternaires*), écrites avec les mêmes signes. Que le lecteur compare encore, et qu'il dise laquelle des deux mesures suivantes est à *trois temps*, laquelle est à *deux temps*. La réponse doit être facile, si l'écriture « parle aux yeux », comme on l'affirme depuis si longtemps.

Ces deux exemples sont encore empruntés à *la Juive*, de M. Halévy (page 75 et page 55).

L'une des deux mesures contient six moitiés et l'autre six tiers. Laquelle ?

Que peut-on répondre à cela ? Rien ; à moins d'avouer enfin que votre écriture est mal faite.

Voici les deux phrases de M. Halévy, traduites en chiffres. Que le lecteur compare les deux écritures, et qu'il prononce :

$$\overline{00\,\dot{1}} \mid \overline{765}\ \overline{567} \mid \overline{1\dot{2}\dot{2}}\ \overline{3\dot{2}\dot{1}} \mid 5\ \bullet 00 \mid$$

$$\overline{00\dot{1}} \mid \overline{27}\ \overline{56}\ \overline{7\dot{1}} \mid \dot{2}\ \overline{55}\ \overline{67} \mid \dot{1}\ \bullet \dot{0} \mid$$

G. Les mesures, avec leurs trois variétés chacune, ont dû subir les conséquences funestes de cette déplorable écriture. Voici ce qui est arrivé.

Il y avait trois mesures à écrire et chacune pouvait l'être avec les quatre unités créées pour le système binaire, et avec les quatre mêmes unités, *modifiées* pour le système ternaire, ce qui porte à vingt-quatre le nombre des formes, sans y comprendre le système mixte. Voici ces vingt-quatre formes, avec leurs noms, dans le tableau suivant, qui montre les quatre unités binaires sous un aspect différent des quatre unités ternaires, et qui constate en même temps l'identité parfaite des quatre signes de moitiés et des quatre signes de tiers.

(*Voir ce tableau à la page 40*).

Comparez ce tableau à celui de la page 35, qui contient en plus le système mixte que ne contient pas celui-ci, et jugez si le système des durées n'est pas encore plus compliqué, plus confus, plus inextricable que le système déjà si mauvais des clés et des langues tonales, pour la voix !

Cependant, pour être vrai, je dois dire qu'ici, comme pour les clés, l'extrême difficulté de la lecture intégrale a porté les praticiens à négliger certaines formes tombées aujourd'hui en désuétude. Il est évident que, du jour où l'on a senti ce besoin d'abandonner certaines formes, on devait, puisque l'on avait enfin le métronome, ne plus conserver qu'un seul signe d'unité, et faire une réforme complète, comme on aurait dû le faire pour les clés. Mais, malheureusement, ici encore, la réforme et la raison n'ont eu rien à faire. Tout a été fait par l'usage et le hasard, qui seuls ont présidé à cet abandon. Aussi, parmi les lambeaux que la pratique a plus ou moins conservés, chaque auteur a adopté, à peu près au hasard, ceux qui lui ont convenu, et a présenté *son système* de mesure, qui n'est pas celui de son voisin. Le tableau suivant, qui réunit les systèmes des hommes les plus renommés, met cette assertion hors de doute pour le plus incrédule. Ce curieux rapprochement met en évidence le *désaccord* qui règne entre tous les théoriciens de l'ancienne école, et condamne, sans retour, une écriture qui peut induire en erreur les hommes les plus forts, sur un fait aussi simple que celui du jalonnement binaire, ternaire ou quaternaire, combiné avec la division binaire ou ternaire du temps.

(*Voir ce tableau, page 41.*)

TABLEAU COMPARATIF

DES DOUZE MESURES BINAIRES ET DES DOUZE MESURES TERNAIRES,

AVEC LES NOMS QUI LES DÉSIGNENT.

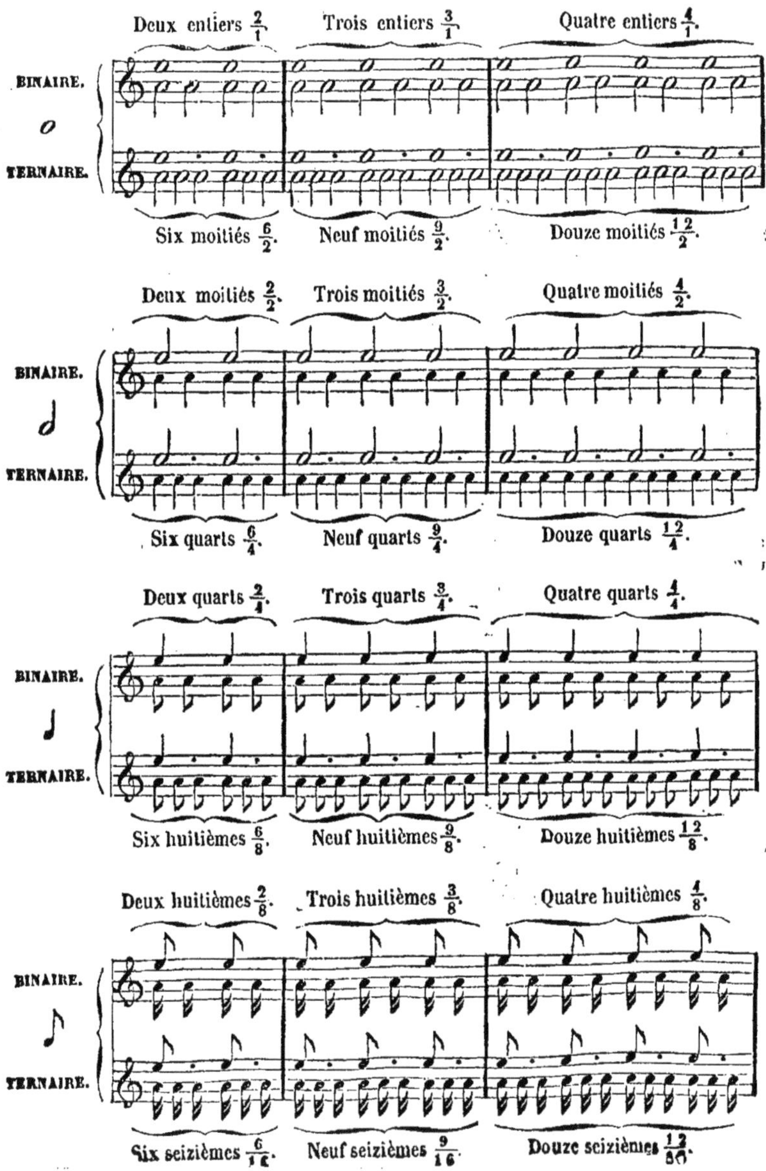

TABLEAU DES DIVERS SYSTÈMES.

Tableau complet
des vingt-quatre formes de mesures.

Système binaire.	Système ternaire.
2 — 3 — 4	6 — 9 — 12
1	2
2 — 3 — 4	6 — 9 — 12
2	4
2 — 3 — 4	6 — 9 — 12
4	8
2 — 3 — 4	6 — 9 — 12
8	16

Système du Conservatoire
de Paris.

Système binaire.	Système ternaire.
2 — 3 — .	6 — 9 — .
4	2
2 — 3 — 4	6 — 9 — 12
2	4
2 — 3 — 4	6 — 9 — 12
4	8
2 — 3 — .	6 — 9 — .
8	16

Système de M. Fétis,
Directeur du Conservatoire de Bruxelles.

Système binaire.	Système ternaire.
. — 3 — .	. — . — .
1	2
2 — 3 — .	6 — 9 — 12
2	4
2 — 3 — 4	6 — 9 — 12
4	8
. — 3 — .	6 — 9 — 12
8	16

Système d'Asioli,
Directeur du Conservatoire de Milan.

Système binaire.	Système ternaire.
2 — . — .	6 — . — .
1	2
2 — 3 — .	6 — 9 — 12
2	4
2 — 3 — 4	6 — 9 — 12
4	8
. — 3 — .	. — . — .
8	16

Système de M. Panseron,
Professeur au Conservatoire de Paris.

Système binaire.	Système ternaire.
2 — 3 — .	. — . — .
1	2
2 — 3 — .	6 — . — .
2	4
2 — 3 — 4	6 — 9 — 12
4	8
. — 3 — .	. — 9 — .
8	16

Système
de M. Duchemin-Boisjousse,
Adopté pour les salles d'asile.

Système binaire.	Système ternaire.
. — . — .	. — . — .
1	2
2 — . — .	. — . — .
2	4
2 — 3 — 4	6 — 9 — 12
4	8
. — 3 — .	. — . — .
8	16

Système de B. Wilhem,
Reproduit par M. MARTIN (d'Angers).

Système binaire.	Système ternaire.
2 — 3 — .	6 — 9 — .
1	2
2 — 3 — 4	6 — 9 — 12
2	4
2 — 3 — 4	6 — 9 — 12
4	8
2 — 3 — .	. — 9 — .
8	16
Plus le 3 temps.	Plus le 3/16.

Système de M. Halévy,
Adopté officiellement, en 1857.

Système binaire.	Système ternaire.
2 — . — .	6 — . — .
1	2
2 — 3 — 4	6 — 9 — 12
2	4
2 — 3 — 4	6 — 9 — 12
4	8
. — 3 — .	6 — . — .
8	16

Vit-on jamais un pareil chaos ? et quelle idée se faire de la mesure, en comparant ces débris incohérents, capables de porter le trouble dans l'intelligence la plus lucide... Vous le voyez, lecteur, il n'y a pas deux systèmes semblables. Les uns ont les radicaux sans les dérivés, les autres ont les dérivés sans les radicaux. C'est à n'y pas croire !

4° *Langue des durées.*

Les durées musicales marquant une *série de rapports*, comme les échelons du mode, la langue des durées doit être, comme celle de Gui d'Arezzo, une *langue de rapports*.

Ces rapports, très-simples, étant toujours déterminés par les deux diviseurs premiers 2 et 3, la langue des durées doit faire reconnaître ces deux diviseurs, partout où ils se trouvent et dans l'ordre même qu'ils occupent dans la division du temps.

Enfin, pour que cette langue puisse, dans la pratique, devenir utile, comme celle des modes, il faut, non-seulement qu'elle désigne toujours les mêmes rapports par les mêmes mots ; mais il faut encore qu'elle soit conçue de telle façon qu'elle devienne, en quelque sorte, un moyen mécanique de faire sentir la division du temps.

Dans notre école, ce but est pleinement atteint, grâce à la belle création de M. Aimé Paris. En effet, la langue des durées créée par M. Paris fait sentir instantanément et tout à la fois :

Si la division est binaire, ternaire ou mixte ;
Si la 1re subdivision est binaire, ternaire ou mixte ;
Si la 2e subdivision est binaire, ternaire ou mixte ;
Si le son est prolongé ou articulé.
Si le son cesse, pour être remplacé par le silence.

En un mot, quelle que soit l'idée de durée, non-seulement la langue de M. Paris permet de la nommer d'une manière nette et précise, sans ambiguïté, sans synonymie ; mais encore, quand on la parle correctement, elle fait sentir toutes les divisions et subdivisions du temps, avec autant de précision que le ferait une mécanique parfaite, construite dans ce but.

La sensation qu'elle produit sur l'oreille est tout à fait l'analogue de celle que produisent sur l'œil les groupements —binaires et ternaires—du tableau de la page 32.

Cette langue offre surtout un secours immense aux pianistes, quand il s'agit de débrouiller les effets croisés des deux mains...

Chez vous. Non-seulement la langue des durées est mal faite, mais elle est surtout complétement inutile pour aider à l'intelligence des rapports. Elle est ridicule, quand elle emploie les mots *ronde* (forme) *blanche, noire* (couleur), pour indiquer des rapports numériques ; elle est absurde quand elle nomme *double* et *triple*-croche les signes qui expriment la *moitié* ou le *quart* de la croche simple ; elle manque d'unité quand, après avoir dit, croche, *double*-croche, *triple*-croche, elle dit soupir, *demi*-soupir, *quart* de soupir, *huitième* de soupir, pour indiquer les mêmes rapports décroissants ; et par-dessus tout, elle est, je le répète, absolument incapable de faire sentir aucune idée de rapports, et ne peut, par conséquent être d'aucune utilité au lecteur.

CONCLUSION.

Telle est la science musicale.

Telles sont les théories, les langues —parlées ou écrites — des deux écoles : tels sont les deux systèmes en lutte : *La méthode usuelle*, la méthode professée dans tous les conservatoires et dans les écoles officielles ; et la méthode *Galin-Paris-Chevé*, dont les bases ont été trouvées par J.-J. Rousseau, et qui est professée par nous et par les nombreux professeurs sortis de nos cours. J'ajoute qu'elle est aussi enseignée par un grand nombre de professeurs de l'ancienne école, qui l'ont définitivement et exclusivement adoptée, après essais comparatifs.

Si j'ai commis quelqu'erreur dans l'exposition de la science, ou dans celle des deux systèmes opposés, je prie mes illustres adversaires d'être assez bons pour me les signaler. — Vingt et un peuvent mieux voir qu'un seul. Je m'empresserai de rectifier tout ce qu'ils m'auront *démontré* être faux. Mais si, comme j'ose l'espérer, ils ne peuvent relever aucune faute sérieuse, et qu'ils soient contraints d'avouer que j'ai été historien exact et fidèle, nous aurons le droit de résumer ainsi tout ce qui précède :

INTONATION. Notre système musical repose sur deux modes principaux, identiques dans tous les tons, pour toutes les voix et se répétant d'octave en octave, toujours les mêmes. Il repose donc sur la théorie des rapports. Le *ton*, la *voix*, l'*octave*, n'ont aucune influence possible sur les rapports réciproques des échelons du mode.

Donc il faut, pour chaque mode :

Une LANGUE de *rapports* — une langue modale, fonctionnelle, qui représente toujours le même rapport par les mêmes mots ;

Une ÉCRITURE de *rapports* — une écriture modale, fonctionnelle, qui représente toujours le même rapport par les mêmes signes ;

Des EXERCICES PRATIQUES qui soient basés sur les *rapports* et qui donnent sûrement et promptement la faculté de reconnaître ces rapports et de les faire sentir aux autres.

Le *ton*, doit s'indiquer sans altération de la langue ni de l'écriture, qui, l'une et l'autre, sont modales ;

Le genre de *voix* doit s'indiquer aussi sans altération de la langue ni de l'écriture, le mode étant le même pour toutes les voix ;

L'octave, enfin, doit encore être indiquée sans modification de la langue ni de l'écriture, puisque les rapports sont identiquement les mêmes, à toutes les octaves.

Voilà ce qu'exige la science : voyons ce qu'a fait chaque école ; et, pour que le lecteur puisse apprécier et juger avec plus de facilité, écrivons sur deux colonnes : La vérité ne pourra qu'y gagner.

ÉCOLE GALIN-PARIS-CHEVÉ.	CONSERVATOIRES. ÉCOLES OFFICIELLES.
Théorie des *rapports*, ne se préoccupant d'aucun diapason.	Théorie du *ton absolu* — relativement à un diapason conventionnel.
Une *langue modale*, pour chaque mode, la même pour *tous les tons* et *toutes les voix*. Les mêmes mots indiquent toujours le même rapport.	Une *langue tonale variable* pour chaque ton. Les mêmes mots indiquent successivement une foule de rapports qui n'ont rien de commun entre eux.
Une *écriture modale* pour chaque mode, *la même* pour *tous les tons* et *toutes les voix*. Les mêmes signes indiquant toujours le même rapport, l'écriture est comprise en un instant.	Une *écriture tonale variable* pour *chaque ton* et pour *chaque voix*. Les mêmes signes indiquent une foule de choses différentes, suivant le ton écrit et la voix qui lit.
L'octave se reconnaît sans altération de	*L'octave* altère l'écriture. Le même

<table>
<tr><td>

ÉCOLE GALIN-PARIS-CHEVÉ.

l'écriture. Le même rapport est exprimé par les mêmes signes, à toutes les octaves.

Le *ton* s'indique par un mot; la langue et l'écriture sont les mêmes pour tous les tons. La voix ne se préoccupe pas des langues tonales nécessitées par les instruments.

La *voix* s'indique par un mot; la langue et l'écriture sont les mêmes pour toutes les voix.

♮ Les clés sont inconnues dans notre écriture, parce qu'elles n'ont pas de raison d'être.

Les *exercices*, calculés sur la théorie des rapports, tendent tous vers ce but, de rendre le lecteur maître de ces rapports, à partir d'un ton quelconque... Quand une fois on est maître des premiers, on peut, seul, et sans instrument, les lire tous et apprendre seul l'intonation.

La *modulation*, partant toujours chez nous du point zéro, est en général moins difficile que chez vous. Quand elle est de longue durée, une simple syllabe de mutation et la substitution d'un chiffre à l'autre suffisent pour rentrer dans la langue normale. Il ne faut qu'une seconde d'attention.

Pas de clés.

Pas d'armures.

Langue et écriture uniques pour chaque mode, quel que soit le ton.

</td><td>

CONSERVATOIRES. ÉCOLES OFFICIELLES.

rapport est exprimé par des signes différents, pour chaque octave.

Le *ton* s'indique par une armure qui fait changer la langue et l'écriture à chaque ton. On a condamné la voix aux langues tonales des instruments à sons fixes.

La *voix* s'indique par une *clé* qui change la signification de l'alphabet. Chaque voix a son alphabet, l'A d'une voix est un B pour l'autre, et réciproquement. C'est encore une des grandes fautes de l'écriture usuelle.

Les *exercices* n'ont rien de commun avec les rapports du mode et n'offrent rien de raisonné. — Ils sont inchantables pour l'élève qui n'est point seriné par un instrument ou par la voix du professeur. « Le maître chantera d'abord les exer- « cices. » « HALÉVY. »

La *modulation*, quand elle part d'une tonalité déjà avancée, devient quelquefois très-difficile. Quand elle est de longue durée, le lecteur est obligé de la subir tout entière, en employant une nouvelle langue tonale, ce qui rend quelquefois la lecture extrêmement pénible et souvent impossible pour le plus grand nombre.

Sept clés — ou cinq — ou deux.

Quinze armures.

Langue et écriture variant pour le même mode, à chaque ton.

</td></tr>
</table>

Voilà pour l'intonation. Arrivons aux durées, et procédons de la même manière.

DURÉES. Tout ici se réduit à quelques mots :

LA *mesure*, apparition régulière d'un jalon binaire, ternaire ou quaternaire.

UNE *mesure*, petite durée prise entre deux jalons consécutifs.

Temps, petite durée, indiquée par un métronome pour chaque air, prise pour unité de durée et contenue deux fois, trois fois ou quatre fois dans une mesure : mesure à deux temps, à trois temps, à quatre temps.

Division de l'unité de durée, du temps, par deux ou par trois : division binaire, et division ternaire.

1re et 2e *Subdivision*. Toujours et exclusivement opérées par les deux diviseurs premiers 2 et 3.

Écriture. Doit indiquer le *son-jalon*, *le nombre des temps*, la *division* et les *subdivisions binaires* ou *ternaires;* enfin, le son articulé, le son prolongé, le silence.

Langue. — Doit être claire, précise, facile à rhythmer, et doit aider le lecteur à trouver les rapports des durées consécutives.

ÉCOLE GALIN-PARIS-CHEVÉ.

La *mesure*. — Le son jalon est indiqué par une petite barre verticale, à gauche du signe, et que l'on nomme barre de mesure.

Une mesure est limitée, à l'œil, par deux petites barres consécutives.

Le *temps*, non divisé, s'écrit par *un seul signe*, chiffre, point ou zéro, selon l'idée, mais toujours le même, quel que soit le mouvement. *Il n'y a que trois formes de mesures.* Il suffit donc de compter le nombre des signes isolés, pour voir que la mesure est à deux, à trois ou à quatre temps. — De même que les sept clés et les quinze armures, les *vingt-quatre* fractions indicatrices des mesures, qui n'ont de raison d'être que dans la mauvaise création des signes, n'existent pas chez Galin. Il suffit de regarder une mesure pour la reconnaître.

Division. — Quand la division est binaire, les signes sont toujours groupés deux à deux sous un trait horizontal ; ils sont toujours groupés trois à trois, quand elle est ternaire. (Voir le tableau de la page 32.) Au simple aspect, le lecteur reconnaît les trois variétés : binaire, ternaire, mixte.

C'est notre écriture qui parle aux yeux, et qui le fait d'une manière si nette et si précise que l'ambiguïté, le doute, l'erreur, ne sont jamais possibles. Que la division soit binaire, ternaire ou mixte, elle est immédiatement comprise par le lecteur.

Subdivisions. Qu'il y ait une ou deux subdivisions, le groupement par deux et par trois ne permet jamais de confondre le diviseur deux avec le diviseur trois. (Voir le tableau de la page 32, en le comparant de nouveau à celui de la page 33, et à l'exemple de la page 38, tiré de la *Juive*, de M. Halévy.)

L'écriture, basée sur la théorie des rapports, avec unité arbitraire, n'a qu'une forme — simple et claire — pour chaque idée.

Les signes en sont clairs, simple et faciles à écrire ; aussi, je le répète, jamais l'erreur, le doute, l'hésitation ne sont possibles.

CONSERVATOIRES. ÉCOLES OFFICIELLES.

La mesure. — Le son jalon est indiqué par une petite barre verticale, à gauche du signe (c'est le seul signe non modifié que vous ait emprunté l'École de Galin.)

Une mesure est limitée, à l'œil, par deux petites barres consécutives.

Le *temps*, non divisé, a, pour le *son articulé*, *huit* signes, ce qui porte le nombre des formes de mesure à *vingt-quatre au lieu de trois.* Pour la *prolongation*, il a le *signe double*, ou le point. — Pour le *silence*, il a les huit signes équivalents aux huit signes du son articulé, dont *cinq* encore usités — blanche — noire — croche — blanche pointée et noire pointée.

De là, obligation absolue d'une indication spéciale, pour que le lecteur puisse reconnaître à laquelle des vingt-quatre formes de mesure, il a affaire.

Division. Quand la division est binaire (en ne parlant que des mesures usitées,) le signe de moitié peut être une noire, une croche, une double-croche, un soupir, un demi-soupir ou un quart de soupir. Pour la musique vocale, ces signes sont isolés (voir p. 38 et 39, exemples de M. Halévy) ; pour la musique instrumentale, on les groupe au hasard. L'œil ne peut jamais se fier au groupement... Il faut que le lecteur sache ce qu'est la mesure, pour pouvoir grouper les signes.

Quand la division est ternaire, tous les signes de moitiés, servent à écrire les tiers.

Subdivisions. — Le désordre remarqué dans la simple division est ici porté à son comble. Ce désordre est tel qu'il a permis à Wilhem d'écrire la phrase suivante, que je prends au hasard, parmi les phrases semblables : « Une *ronde* vaut 8, 9, 10, « 11, 12, 13, 14, ou 15 croches, selon « le cas » !

L'écriture, basée sur la durée absolue, avec une unité conventionnelle, a huit formes pour l'unité et quatre pour chaque expression fractionnaire.

Les signes en sont confus, compliqués, difficiles à écrire ; elle est une source perpétuelle d'erreur, de doute et d'hésitation,

ÉCOLE GALIN-PARIS-CHEVÉ.

CONSERVATOIRES. ÉCOLES OFFICIELLES.

Langue des durées. — Calquée sur l'écriture, elle n'a qu'un mot pour chaque idée, et fait sentir les rapports.

En combinant l'intonation et la durée, et en tenant compte du *ton* (indiqué par un mot), de la *voix* (indiquée par un mot), et du *mouvement* (indiqué par un nombre), l'écriture de Galin n'a qu'*une forme possible* pour *une idée*.

Langue des durées. — N'a trait à rien, et n'est d'aucune utilité pour faire sentir les rapports.

En combinant l'intonation et la durée, et en tenant compte du *ton* (quinze armures), de la *voix* (sept clés), et du *mouvement* (huit formes de mesures), l'écriture usuelle a *huit cent quarante manières* de rendre *une idée*.

AINSI : Les *clés*, les *armures*, les *mesures multiples* n'ont aucune raison d'être, pour la voix, et ce sont elles cependant qui rendent la musique inapprenable pour la très-grande majorité !!!

Telle est l'exposition simple et vraie des deux systèmes en lutte ; telle est la vérité sur les deux écoles... Si je me suis trompé, que mes vingt et un adversaires veuillent bien me prouver mes erreurs... S'ils ne relèvent rien, que le lecteur prononce entre nous ! Il a tous les éléments nécessaires pour arriver à la vérité.

Encore quelques réflexions, avant de clore cette partie déjà si longue de mon travail, qu'il n'a pas dépendu de moi de rendre plus courte.

1° Chacun de nous possède les organes musicaux, comme il possède les organes vocaux ; chacun de nous possède un larynx et une oreille omnitones et la faculté d'apprécier les durées ; et cependant, si la voix parlée, la *parole*, est un fait universel, de tous les temps et de tous les pays, il en est tout autrement de la voix *chantée*, de la musique, qui n'est que le privilége du très-petit nombre.

2° Cette immense différence de développement entre les deux voix, *parlée* et *chantée*, n'est justifiée par aucune raison physiologique, les organes étant également aptes à remplir les deux fonctions, ou plutôt la même fonction, prise à deux points de vue différents. Il faut donc la chercher ailleurs.

3° Cette différence ne peut tenir non plus à la difficulté plus grande de la langue chantée, car c'est le contraire qui est vrai : les éléments de la langue parlée sont beaucoup plus nombreux, plus difficiles à comprendre, et appartiennent à un ordre d'idées infiniment plus élevées que les deux éléments si simples et si faciles de la musique : rapport d'acuité et rapport de durée. Et, pourtant, à trois ou quatre ans, tous les enfants possèdent leur langue maternelle, de manière à étonner ceux qui les entendent, tandis qu'un très-petit nombre de personnes sont capables de produire juste un intervalle demandé, ou un simple rapport de durée.

4° Ce n'est donc ni dans la constitution des organes ni dans la difficulté plus grande de la langue chantée, qu'il faut chercher la cause de son extrême infériorité, comparée à la langue parlée : cette cause est tout entière dans l'éducation et dans les moyens d'instruction.

5° L'éducation développe forcément la *voix parlée*. Tous les enfants apprennent la langue maternelle et la parlent par imitation, parce qu'ils l'entendent perpétuellement parler, qu'ils sont forcés d'y porter une grande attention, pour satisfaire leurs désirs ou leurs besoins, et que tous possèdent les facultés qu'il faut pour la comprendre et la parler.

L'éducation développe quelquefois de la même manière la voix chantée, comme on le voit dans certaines familles, dans certaines villes où même dans certains pays, tels que l'Allemagne. — Mais ceci n'est encore que l'exception et partout ailleurs on laisse s'atrophier la faculté dans l'inaction, et l'on s'étonne plus tard *de n'être pas né pour la musique*. Autant vaudrait dire qu'un homme resté couché jusqu'à vingt ans n'était pas né pour la marche, parce que le défaut d'action a transformé ses muscles en tendons !...

Voilà la première cause du mal : l'absence d'exercice et, par suite, l'absence de développement des organes musicaux chez l'enfant.

La deuxième cause gît dans les moyens d'instruction. Ces moyens, nous venons de le démontrer jusqu'à la dernière évidence, sont aussi défectueux qu'ils puissent l'être : théorie fausse, pratique vicieuse, langue absurde, écriture encore plus absurde. Il était difficile de faire plus mal.

Est-il surprenant que les résultats généraux soient déplorables avec de tels moyens d'action ?

Quand ces moyens si mauvais sont employés sur des enfants dont les organes ont été exercés dès les premières années, ils ne peuvent pas faire que ces organes ne soient pas développés ; et, comme l'enfant possède déjà la langue parlée, il arrive, par exception, à se rendre maître de la langue écrite. — C'est ce que l'on voit dans certaines familles et dans certaines localités. — Mais quand ces mêmes mauvais moyens sont employés sur ceux dont les organes n'ont pas été développés dès l'enfance, c'est-à-dire sur presque tous les hommes, ils sont absolument incapables de les rendre lecteurs.

Voilà la deuxième cause du mal, celle que nous combattons depuis vingt ans et que nous combattrons tant que nous ne l'aurons pas détruite.

Prenez donc l'instrument précieux créé par J.-J. Rousseau et Galin et perfectionné par M. Aimé Paris et Madame Émile Chevé, instrument dont la puissance immense est reconnue par tous les gens spéciaux qui ont pris la peine de l'étudier, et qui n'est repoussé que par ceux, qui, comme M. Halévy, ne veulent pas le voir en action ; faites-en l'application sur nos tout jeunes enfants, sans qu'ils s'en doutent, et les organes musicaux acquerront, comme les organes vocaux, tout leur développement providentiel, et la lecture musicale sera bientôt plus répandue que celle de la langue maternelle, parce qu'elle est infiniment plus facile.

Alors, tout le monde lisant la musique, le chant fera contre-poids au cabaret et à tous ses déplorables entraînements ; le sens musical, développé par l'exercice, vous fournira les voix qui vous manquent aujourd'hui ; la librairie musicale, rivalisant avec la librairie ordinaire, arrivera au centuple de ce qu'elle est aujourd'hui, etc. , etc.

Ces résultats éblouissants peuvent être obtenus dans un petit nombre d'années, dans le cours d'une génération ; et, une fois obtenus, ils se perpétueront tant que durera la civilisation.

Et tous ces progrès n'ont été retardés, jusqu'ici, que par le mauvais vouloir de quelques hommes *qui ont charge de juges et* QUI REFUSENT DE VOIR! Les choses ne peuvent plus durer ainsi ; l'heure du parti-pris est passée. Celle de l'examen sérieux est venue. La vérité ne tardera pas à se faire jour...

TROISIÈME PARTIE. — RÉFUTATION.

Ab uno disce omnes.
(VIRG.)

Arrivons enfin, puisqu'il le faut, à l'appréciation des critiques de mes illustres adversaires ; critiques qui, malgré leur vernis d'urbanité affectée, n'en sont pas moins frappées au coin de la malveillance et ne renferment pas une assertion qui ne puisse être victorieusement réfutée.

Mais comme la question essentielle et vraiment utile était celle de l'exposition de la science et de la valeur relative des deux systèmes d'enseignement, question longuement traitée dans la seconde partie de mon travail, j'abrégerai le plus possible ma réponse, je me contenterai de prendre, dans les arguments de même nature, ceux qui me paraîtront les plus importants, et je mettrai le lecteur à même de les apprécier à leur juste valeur. Voici l'ordre dans lequel je vais répondre aux critiques de mes adversaires :

1° Critiques mal fondées ;
2° Citations tronquées ;
3° Fausses imputations de signature ;
4° Confusion d'idées ;
5° Pseudo-science ;
6° Affirmations gratuites ou fausses ;
7° Raisonnements spécieux ;

1° CRITIQUES MAL FONDÉES.

A la page 8 de *la brochure*, ces messieurs, parlant des *monstruosités* découvertes par M. le docteur Chevé dans la notation usuelle, citent la phrase suivante de M. Chevé : « *Première monstruosité.* « Le même point noir, sur le même barreau peut représenter successivement les dix-huit échelons de la gamme enharmonique. » A cela, *la brochure* répond : « M. Chevé veut tout changer, le langage « comme l'écriture ; il dit — *un point noir* — lorsque tout le monde dit — *une* « *note.* Et tout le monde a raison. Un point est un point, une note est une note, « et la couleur n'y fait rien. Ce point pourrait être une note blanche, et cela ne « changerait rien au prétendu raisonnement dont M. Chevé se fait une arme.

« *Sur le même barreau ;* encore une expression impropre, inconnue aux musi- « ciens *bien élevés* » (ajoute-t-on poliment). » M. Chevé veut dire : sur la même « ligne ou dans le même interligne. — Cette expression, *le même point noir,* signifie « donc dans la langue de M. Chevé : la même note. M. Chevé ajoute : sur le *même* « *barreau,* cela constitue un pléonasme, ce qu'il appellerait, lui, dans son style « plein d'élégance, une *absurdité,* une *lourde faute,* une *ânerie,* une *complication* « *imbécile.* Car la même note ne peut être la même note qu'à la condition expresse « d'être sur ce que M. Chevé appelle le *même barreau* (1), autrement ce ne serait « pas la même note. »

---

(1) Encore fallait-il dire : « de la portée *générale* » car, autrement, l'assertion est fausse et

Et voilà précisément pourquoi j'ai dit le même point noir et non pas *la même note*. La même note ne peut-être que la même note, comme vous le faites très-bien remarquer vous-mêmes, parce qu'elle doit d'être une note à la présence d'une clé. Une note n'est donc pas toutes les notes... Tandis que le point noir sur le même barreau, *n'est pas encore une note*, tant qu'il n'y a ni clé ni armure; et c'est précisément pour cela qu'il pourra représenter *successivement* tous les sons de la gamme diatonique, par l'application successive des clés, et tous ceux de la gamme enharmonique, par l'arrivée successive des armures. Donc, il fallait dire un *point noir* (ou blanc) et non pas *une note*. Donc, votre critique porte à faux, et de plus, vous n'avez pas répondu au reproche que j'adressais à votre écriture, de *représenter la gamme enharmonique tout entière par le même point noir sur le même barreau.* — Ainsi, vous avez trouvé plus utile et plus commode sans doute, de discuter sur un mot que de répondre à une question embarrassante... Je me trompe, vous avez répondu; car vous déclarez immédiatement après cette critique sur le reproche que j'adressais à votre écriture, que vous vous faites gloire de ce que je lui impute à faute. — « Eh bien ! » dites-vous, « ce que M. Chevé qualifie, dans le langage qui lui appartient, de *monstruosité*, est une preuve excellente de l'admirable *souplesse* de l'alphabet musical. C'est le jeu régulier d'un *mécanisme intelligent*; une faculté dont dispose à son gré le compositeur. Oui, une seule note » — (erreur! vous venez de prouver qu'il fallait dire un seul point noir ou blanc), « *peut*, par le changement de *clefs*, recevoir des emplois différents. Où est la *monstruosité?* »

Du moment où ces messieurs ne trouvent pas *monstrueux* un alphabet dont les lettres changent de signification à mesure que la voix du lecteur devient plus aiguë ou plus grave, je renonce à leur faire comprendre aucune monstruosité quelconque. — Ces messieurs terminent cet incroyable paragraphe par une comparaison fausse, due à une confusion d'idées. « Dans la numération » disent-ils, « le même chiffre « exprime et signifie souvent dans le même groupe : les unités, les dizaines, les « centaines, mille, dizaines de mille, centaines de mille, millions, dizaines de mil- « lions, etc., etc. Est-ce aussi une monstruosité ? »

Voilà qui est fort! Confondre le concret avec l'abstrait, et parce que la chose exprimée peut changer de nature, ne pas remarquer que le chiffre, lui, indique un nombre absolu, toujours le même, — cinq représente cinq toujours et partout; et aucun chiffre ne peut *ni suppléer ni être suppléé*... Ce n'est que la nature de l'objet exprimé qui est variable... La quotité d'unité exprimée par un chiffre est toujours la même; seulement, cette unité peut être quelconque. Cette comparaison est donc encore absolument fausse, et cependant elle est revêtue de vingt et une signatures!

En vérité, quand des hommes graves et recommandables à tant de titres se réunissent pour signer en commun une critique quelconque, il faudrait que la critique portât sur des objets qui en valussent la peine et non pas sur des mots, et qu'elle fût faite avec assez de justesse pour ne pas tomber devant la première réponse.

---

complétement inintelligible pour celui qui ne voit que les portées isolées.—Voici la preuve de ce que j'avance, puisée dans les *Leçons de lecture musicale de M. Halévy.* (2ᵉ édition, page 22.)

Ceci est donné comme exemple d'unisson par M. le secrétaire perpétuel de l'Académie des Beaux-Arts. — Il était difficile de citer un exemple plus écrasant contre une écriture qui a la prétention de parler aux yeux... il y a unisson pour l'oreille, et l'écriture marque une treizième à l'œil. Il est vrai que cette écriture ne se lit pas : elle se *devine!*

2° CITATIONS TRONQUÉES ET ALTÉRATIONS DE TEXTES.

Que le lecteur prenne la peine de relire, aux pages 13 et 14, l'histoire du STÆNDEL de *la France musicale* et celle du *Loke* de mes vingt et un adversaires. Ces deux exemples sont plus que suffisants pour justifier le titre qui surmonte ces trois lignes.

3° FAUSSES IMPUTATIONS DE SIGNATURE.

La langue des durées appartient à M. Aimé Paris ; — vous me l'attribuez.

Les excercices pratiques appartiennent à Madame Chevé ; — vous les donnez comme miens.

Les formules de tonalité sont à M. Aimé Paris ; — vous m'en gratifiez.

Le béotien, le coucou didactique, etc., appartiennent à M. Aimé Paris ; — vous me les reprochez.

A-t-on le droit, en bonne justice, de mettre au compte d'un *accusé* que l'on désire sacrifier, tous les actes qu'il n'a pas commis et dont les *auteurs* qui ont *signé* ce qu'on lui attribue, *sont connus de tous* ? — Évidemment, non ! Et l'on est en droit de se demander comment on peut concilier la légèreté de tels actes avec la gravité des signatures, au nombre desquelles se trouve celle d'un honorable conseiller à la Cour de Cassation.

4° CONFUSION D'IDÉES.

La brochure dit, page 11 :

« Si, dans notre système (celui de tout le monde), la même note *peut*, dans celui
« de M. Chevé, le même signe *doit* représenter tous les degrés de l'échelle musi-
« cale. Ce qui est *facultatif* chez nous, est *obligatoire* chez lui. Par une suite
« nécessaire de son système de transposition, chacun de ses chiffres est véritable-
« ment appelé à représenter, dans une circonstance donnée, *les vingt et un éche-*
« *lons* de la gamme enharmonique. Ce qui, chez nous, n'est qu'un incident, une
« exception, est, chez lui, l'usage constant, la règle, la loi, le principe ; de sorte
« que tout son système est fondé sur la *monstruosité* qu'il reproche à notre nota-
« tion, où elle n'existe pas ; et véritablement, cela est curieux ! »

La confusion d'idées est-elle assez manifeste ? — Je reproche au système usuel d'exprimer tous les rapports par les mêmes signes, et le même rapport par tous les signes, parlés ou écrits, c'est-à-dire que je lui reproche le défaut d'unité entre le signe et l'idée ; et ces messieurs, qui savent que, chez nous, cette unité de rapports est complète, et que toujours, dans notre langue, le même mot exprime la même fonction du même mode, font semblant de croire que ces noms, chez nous, ont un rapport avec le diapason !.. En un mot, sachant bien que notre langue est une langue modale, puisqu'ils nous accusent de transposer toujours, ils lui reprochent de ne pas fonctionner comme une langue tonale, comme leur malheureuse langue instru-mentale, qu'ils ont si maladroitement imposée à la voix. — C'est donc bien chez vous qu'est la *monstruosité*, puisque le même mot et le même signe peuvent représenter toutes les fonctions, et que, de plus, la même fonction peut être désignée par tous les noms et tous les signes. — C'est bien chez nous qu'il n'y a pas monstruosité, puisqu'à l'aspect d'un signe donné, tout le monde répond toujours par l'expression de la même idée.

Autre confusion d'idées, à propos de cette phrase écrite par moi : « Il y a huit manières d'écrire l'unité de durée » *la brochure* dit, page 14 :

« Ici encore la *monstruosité* n'existe que dans la proposition incompréhensible et « *dénuée de sens* de M. Chevé. Mais M. Chevé, dans sa langue que nous n'admettons « pas, désigne par cette expression : *unité de durée*, ce que les musiciens appellent « *temps*, c'est-à-dire ce qui n'est pas et ne peut pas être UNE unité de durée. »

Ici, mes illustres adversaires jouent sur la confusion d'idée que voici :

Ils confondent *l'unité absolue de durée*, prise pour base de leur écriture, et sans laquelle je les défie de justifier les formes multiples, ronde, blanche, noire, croche, prises successivement pour représenter le temps — l'unité de durée — dans les mesures deux-un, deux-deux, deux-quatre, et deux-huit; ils confondent, dis-je, cette unité générale avec *l'unité arbitraire* particulière à chaque air, mais qui, une fois adoptée, est bien la véritable unité de durée — le temps — unité qui sert de terme de comparaison à tous les rapports de durée de cet air.

Si le temps n'est pas l'unité de durée pour chaque air, qu'est-ce donc que cette unité de durée, car il en faut une pour compter, même la durée; et qu'est-ce que le temps lui-même? — Je ne suis pas seul, Messieurs, à vous faire cette double question.

La brochure continue ainsi : « Il (M. Chevé) est dès lors obligé d'admettre, dans « son écriture, autant de manières d'écrire cette unité qu'il y a de manières pos- « sibles de former un temps dans *les différentes espèces de mesures*. Cela fait bien « des manières d'écrire l'unité, et voilà de nouveau M. Chevé proclamant parfait « chez lui, ce qu'il trouve monstrueux chez les autres, et pratiquant encore, dans « son écriture, une *monstruosité* qu'il reproche à notre notation, *alors qu'elle n'y* « *existe pas et qu'elle ne peut y exister!...* »

Dans la première partie de la phrase, se trouve encore une confusion d'idées. En disant que nous sommes obligés, dans notre écriture, d'admettre autant de manières d'écrire *l'unité* qu'il y a de manières possibles de former un temps dans les différentes espèces de mesures, *vous confondez l'entier* qui n'a et ne doit avoir qu'un signe unique, avec *les fractions* qui présentent, et doivent présenter autant de formes qu'il y a d'idées à rendre.

Vous ne donnez jamais d'exemples à l'appui de vos assertions, ce qui vous permet de mettre au compte de notre écriture ce qui n'appartient qu'à la vôtre. En voici la preuve :

L'entier, chez nous, quel que soit le mouvement, n'a qu'*un signe* : chiffre, point, ou zéro, selon qu'il s'agit d'un son articulé, d'un son prolongé ou d'un silence.

EXEMPLE : | 1 . 2 3 | 4 . 5 0 | 6 0 5 4 | 3 2 1 0 |

L'entier, dans le *système usuel,* a :

Huit signes, dont cinq encore usités pour le son articulé;

Trois signes, usités tous trois, pour le son prolongé;

Huit signes, dont cinq encore usités, pour le silence (voir le tableau de la p. 33).

Et vous écrivez que c'est notre écriture qui est *monstrueuse,* et que la vôtre ne l'est pas, *qu'elle ne peut pas l'être!*

Chez nous, la même fraction, quelle qu'elle soit, n'a qu'une seule expression graphique possible; chez vous, la même fraction a une infinité d'expressions diffé- rentes (voir les deux tableaux p. 32 et 33) et c'est notre écriture qui est *monstrueuse,* et c'est la vôtre qui ne l'est pas, *qui ne peut pas l'être!* — C'est vous qui l'affirmez, Messieurs, et vous êtes vingt et un! — Mais cela ne suffit pas. J'ai donné des exemples comparatifs à l'appui de mes assertions : prouvez que ces exemples sont faux, ou tout le monde vous donnera tort!... L'univers tout entier affirmerait un fait faux, que le fait n'en serait pas moins faux. — Passons à un autre point.

5° PSEUDO-SCIENCE.

Page 15 de votre brochure, vous citez de moi la phrase suivante, dans laquelle je critique votre notation qui écrit le son le plus aigu au-dessous du son le plus grave : « Le *ré* bémol, plus grave, s'écrit au-dessus de *l'ut* dièse, plus aigu; » et vous répondez : « Le *ré* bémol est une MODIFICATION du *ré*, et *l'ut* dièse « une MODIFICATION de *l'ut*. »

Ah ! Messieurs ! qu'un malheureux enfant de chœur, qui, allant à Saint-Séverin, regarde en passant *le thermomètre de l'ingénieur Chevallier*, croie fermement que le *ré* bémol est une *modification* du *ré* et que *l'ut* dièse est une *modification* de *l'ut*, cela se comprend : on le lui a dit, et il est trop étranger aux lois de l'acoustique pour comprendre l'énormité d'un pareil énoncé. Il ne sait pas, lui, qu'un son est dû à un nombre fixe, absolu, de vibrations, et qu'aussitôt que ce nombre de vibrations varie en plus ou en moins, il y a, non pas *modification* du son précédent, mais bien *production* d'un son *nouveau*, tout aussi *individuel*, tout aussi *personnel* que celui auquel il *succède*.

Que, dans un cas spécial, ce son nouveau puisse remplir, à partir d'une tonique donnée, une fonction que le son ancien est inhabile à remplir, cela peut être, cela est; mais cela ne prouve pas le moins du monde que le remplaçant soit une modification du remplacé.

Mais que vous, Messieurs, qui voyez le thermomètre de l'ingénieur Chevallier en allant occuper la place qui vous est si légitimement donnée à l'Institut, vous employiez ce langage faux, anti-scientifique, cela ne doit pas vous être permis !

Aucune théorie ne peut justifier les expressions de *ré* bémol, modification de *ré*, et de *ut* dièse, modification de *ut*. — Ces idées fausses sont dues à votre vocabulaire faux : si l'on avait dit le *dièse de l'ut*, le *bémol du ré*, on aurait compris que cela faisait deux sons ayant entre eux un rapport, déterminé par ces expressions de dièse et de bémol, mais étant chacun en particulier un son parfaitement *distinct* de l'autre, dus chacun à un nombre différent de vibrations; mais malheureusement, on a dit : *l'ut dièse*, le *ré bémol*, et on a fini par regarder ces sons nouveaux comme étant les sons anciens modifiés, comme des sons *haussés* ou *baissés* d'un demi-ton. Et le jargon vulgaire a fini par s'introduire dans le langage scientifique, au grand préjudice de la science. — Venons à un fait plus grave, à la gamme enharmonique.

Page 9, la brochure dit : « De plus, M. Chevé commet à son préjudice une « erreur considérable que nous rectifions dans son propre intérêt. Pourquoi compte-« t-il seulement *dix-huit échelons*, lorsqu'il en devrait compter vingt et un ? Nous « croyons qu'il n'a pas une idée bien nette de la gamme enharmonique. » — Puis, on lit en note, le passage suivant :

1	2	3	4	5	6	7	8	9

« Si dièse et ut; ut dièse et ré bémol; ré; ré dièse et mi bémol; mi et fa bé-

10	11	12	13	14	15	16	17	18

« mol; mi dièse et fa; fa dièse et sol bémol; sol; sol dièse et la bémol; la; la dièse

19	20	21				22		

« et si bémol; si et ut bémol. » — Il fallait au moins ajouter ut, pour clore l'octave, et nommer le bémol avant le dièse. — « M. Chevé exclut de la gamme enharmo-« nique : *mi dièse, si dièse, ut bémol fa bémol. Mi dièse* est enharmonique de *fa*, « aussi bien que *fa dièse* l'est de *sol bémol; si dièse* est enharmonique *d'ut*, etc., « CELA EST AINSI, et il n'existe aucune raison d'exclure ces quatre notes de la

« gamme enharmonique qui, au reste, n'est jamais pratiquée et ne saurait l'être. »

Ici, permettez moi de vous le dire, Messieurs, vous commettez une faute très-grave, au double point de vue théorique et pratique, celle de donner la théorie du clavier pour la théorie réelle de la musique. La nature n'entre point dans vos compromis et dans vos questions de tolérances. — Que des difficultés de mécanisme, de facture, de doigtés, d'écriture, difficultés insurmontables jusqu'ici, vous aient conduits à accepter le tempérament du piano, cela se conçoit, parce qu'en définitive cet instrument offre le précieux avantage de mettre tout un orchestre sous les doigts du compositeur. On a donc eu raison d'accepter ce pis-aller, jusqu'au jour où l'on pourra enfin faire un piano juste. Mais partir de ce fait de tolérance, de ce compromis, pour fausser les lois mathématiques du son et pour pervertir du même coup la science et la pratique vocale, cela ne peut être permis! Et il ne suffit pas de dire que CELA EST AINSI, pour que CELA SOIT AINSI. A Dieu seul appartient le droit de parler *ainsi*.

Examinons donc cette question de la gamme enharmonique, et laissons un instant de côté cette théorie des *douze demi-tons*, qui n'est basée que sur le hasard d'un mécanisme, et qui serait *autre* si le mécanisme avait été *autre*. Reprenons la théorie des modes, en les faisant passer par diverses tonalités.

Les sept modes diatoniques ont chacun huit échelons, octave comprise, et offrent dans leur ensemble, cinq secondes majeures et deux secondes mineures. — Quand le besoin de reproduire un mode donné — celui *d'ut* — par exemple — sur un instrument à sons fixes, eut conduit à l'invention du dièse et du bémol, on put — sur l'instrument — produire l'intervalle chromatique marquant l'excédant de la seconde majeure sur la seconde mineure. Cet élément nouveau fut agréé par les compositeurs et il en résulta les *deux modes chromatiques*, dans lesquels chacune des cinq secondes majeures est coupée en deux, une fois par le remplaçant aigu du son grave, par le dièse, et l'autre, par le remplaçant grave du son aigu, par le bémol.

Voici ces deux modes nouveaux, dans lesquels l'intervalle chromatique est indiqué à l'œil par une distance plus grande que celle qui indique les secondes mineures.

(Lisez cet exemple de bas en haut.)

— Le larynx, le violon et tous les instruments non tempérés, eurent bientôt fait sentir les attractions opposées que renferment ces deux gammes. Dans la gamme par dièses, la tendance ascendante se rencontre six fois, contre une fois la tendance descendante; c'est le contraire qui se fait sentir dans la gamme par bémols. Tout le monde a reconnu cette vérité, même la langue du tempérament, qui dit, en parlant de son unique gamme des douze demi-tons, LA gamme chromatique *se monte par dièses et se descend par bémols*.

Ces rapports de tendance dans les deux gammes chromatiques tiennent à ce double fait, né de la même cause, que le dièse est plus près du son supérieur que du son inférieur qu'il remplace, et que le bémol est plus près du son inférieur que du son supérieur qu'il remplace. C'est-à-dire que la seconde chromatique est plus grande que la seconde mineure; d'où il résulte que la seconde majeure est plus grande que deux secondes mineures.

Ce fait une fois bien constaté, on est arrivé, comme corollaire, à la gamme en-

harmonique, qui n'est autre chose que le résultat de la superposition, par coïncidence, des deux gammes chromatiques, telle que la montre l'exemple suivant :

```
 |   |   |
 7   7   7
 6———————6
     7———7
 6   6   6
 5———————5
     6———6
 5   5   5
 4———————4
     5———5
 4   4   4
 3   3   3
 2———————2
     3———3
 2   2   2
 1———————1
     2———2
 |   |   |
```

(Lisez cet exemple de bas en haut.)

Les modes chromatiques avaient été formés en coupant — dans un mode diatonique — chaque seconde majeure en deux, une fois par les dièses et l'autre par les bémols. Ces gammes avaient donc *treize* échelons, l'octave comprise.

Le mode enharmonique, résultant de la réunion des deux modes chromatiques, — c'est-à-dire de la division en trois parties de chacune des secondes d'un mode diatonique, par la présence simultanée du bémol et du dièse, — ce mode enharmonique eut *dix-huit* échelons, l'octave comprise. Les deux secondes mineures ne pouvant recevoir ni dièses ni bémols, précisément parce qu'elles sont mineures, les gammes chromatiques ne purent avoir ni *mi dièse*, ni *si dièse*, ni *ut bémol*, ni *fa bémol*. Donc, la gamme enharmonique ne peut pas les avoir non plus. Cela est de la dernière évidence.

Si mes illustres adversaires connaissent une autre origine du mode enharmonique, qu'ils veuillent bien prendre la peine de l'exposer, au lieu de se contenter d'affirmer que CELA EST AINSI. Le public jugera.

Que, maintenant, le mécanisme incomplet du clavier ait obligé à remplacer, je veux dire à *suppléer* l'*ut* dièse et le *ré* bémol par *un son* intermédiaire qui, les remplaçant tous deux, anéantit du même coup les deux modes chromatiques et le mode enharmonique, c'est un grand, un très-grand malheur; mais est-ce une raison suffisante pour nier l'existence parfaitement réelle de ces trois modes, et pour affirmer que le mode enharmonique a vingt et un échelons (il fallait dire vingt-deux), ou qu'il n'en a que *douze?* Ce n'est pas là de la science : c'est de la pseudo-science. — Et c'est cette pseudo-science qui vous a portés à déclarer que l'on ne pouvait pas faire entendre l'intervalle enharmonique. — Venez à nos cours, nous vous le ferons ENTENDRE.

6° AFFIRMATIONS GRATUITES OU FAUSSES.

Ici les exemples abondent tellement que l'on n'a que l'embarras du choix. Citons-en quelques-uns :

1° Page 6, LA BROCHURE dit : « A l'*Orphéon*, ils (les orphéonistes) reçoivent les « *horribles* cahiers, ils *lisent*, chantent, et, avec une excellente émission de voix, « due à l'enseignement actuel, ils exécutent facilement, gaîment, des chœurs *inédits*, « quelquefois très-difficiles. — Au Conservatoire, des enfants lisent merveilleusement « à première vue des exercices où l'on a réuni, à dessein, des difficultés que l'on ne « rencontrera jamais dans la pratique. — Visitons l'École de musique religieuse, les « maîtrises, les classes du Conservatoire destinées à l'étude du chant, aux instru- « mentistes, aux jeunes soldats, à l'enseignement populaire, *nous verrons partout la* « *musique lue* comme une langue maternelle. — Pénétrons jusqu'aux modestes salles « d'asile : de petits enfants de *quatre à six ans* chantent joyeusement. C'est la mu -

« sique de tout le monde *qu'ils lisent*, et chacun des petits chanteurs suit, sans se
« troubler, la partie qui lui est assignée. Voilà donc la notation *abominable* qui a le
« droit de dire : *Laissez les petits enfants venir à moi*, et voilà l'écriture *pleine de*
« *monstruosités* et illisible pour les plus forts, LUE *par les plus faibles. Et il en est*
« *de même partout, dans tous les pays, dans toutes les écoles...* »

Ainsi, voilà qui est bien clair, bien positif, bien affirmé par mes vingt et un illustres adversaires. Tout le monde *lit* la musique, partout on *lit* la musique, dan
toutes les écoles et jusque dans les salles d'asile...

Eh bien ! et j'en demande bien pardon à ces Messieurs, sauf l'exception que je vais
signaler, c'est le contraire qui est vrai : *on ne lit nulle part* ! Entrez au hasard dans
telles écoles que vous voudrez : Écoles *primaires*, Écoles *secondaires*, *Lycées*, Écoles
supérieures, *Sainte-Barbe*, *Saint-Cyr*, *navale*, *normale supérieure*, *polytechnique*,
et même *Salles d'asile*, ON NE LIT NULLE PART. On chante dans plusieurs ;
dans quelques-unes vous rencontrerez quelques rares individualités lisant plus ou
moins la musique facile ou peu difficile, mais dans aucune école vous ne rencontrerez
une masse lisant la musique comme elle lit sa langue maternelle. Et l'on se demande
comment mes illustres adversaires, avant d'affirmer une chose si contraire à la vérité,
n'ont pas pris la peine d'entrer au hasard dans une demi-douzaine d'écoles, et de
faire lire à l'improviste, pour s'assurer qu'en effet on lit. Ils auraient évité de se
mettre en contradiction avec ce qui est. Mieux vaut tard que jamais, dit la sagesse
des nations ; que ces Messieurs reviennent à résipiscence et qu'ils aillent tenter l'expérience, ils seront bientôt les premiers à rayer cette affirmation de leur brochure.
— Retirez les élèves des classes de solfége (je ne parle pas ici des instrumentistes),
des Conservatoires et de quelques écoles spéciales, — c'est-à-dire un nombre absolument infime, comparé à la population entière qui doit savoir lire, et vous ne trouverez de lecteurs vocalistes nulle part. — Voilà la vérité. — Les exceptions que vous
pourrez rencontrer ne feront que confirmer la règle.

Quelques citations montreront au lecteur que la lecture musicale sur la portée,
n'est, ni une chose aussi facile, ni une chose aussi répandue que l'affirment si carrément mes illustres adversaires.

Voici d'abord deux citations empruntées à M. P. Scudo :

« Mme Catalani était une assez faible musicienne. Son éducation avait été si né-
gligée, qu'il lui était impossible de lire à première vue la plus simple cantilène. Elle
ne jouait d'aucun instrument ; il lui fallait toujours un accompagnateur à ses ordres,
qui fût habitué à suivre les caprices de sa fantaisie. Elle était ce que les Italiens appellent une admirable *orecchiante*... (P. SCUDO. *Critique et littérature musicales*,
3e édition, page 147.)

« On rapporte que la reine Marie-Antoinette demanda un jour à Sacchini si Ga-
rat, le fameux chanteur, était bon musicien. Non, répondit l'illustre maëstro, il n'est
pas musicien, *mais c'est la musique même*. On aurait pu app'iquer à Rubini cette
heureuse saillie de l'auteur d'*OEdipe à Colone*. Son instinct était si parfait et si sûr,
son oreille si prompte et si délicate à saisir au passage les nuances les plus fugitives,
qu'il aurait fallu vivre dans sa plus grande intimité pour apercevoir ce que son éducation musicale laissait à désirer... Cet exemple d'un virtuose admirable, qui sait à
peine déchiffrer quelques notes de musique, et qui devine par l'instinct les plus savantes combinaisons du génie, est un phénomène qui s'est produit souvent en Italie.
Ansani, qui a été le maître de M. Lablache, au Conservatoire de Naples, ne savait
pas littéralement une note de musique. Ses élèves étaient obligés de lui apprendre
par cœur le morceau sur lequel ils voulaient avoir ses conseils. Davide fils, madame
Pasta, et BEAUCOUP D'AUTRES CHANTEURS CÉLÈBRES ÉTAIENT DANS LE
MÊME CAS. (P. SCUDO, p. 280.)

Voici une autre citation prise chez M. Fétis :

En parlant de *Choron*, M. Fétis dit, dans sa *Biographie universelle des musiciens*, tome III, page 130 : « Quant aux exercices relatifs à la pratique de l'art, il n'en put faire, n'ayant pas de maître. Peut-être ne lui eussent-ils été que d'un médiocre secours ; il touchait à sa vingtième année, et l'on sait que les études commencées à cet âge ne CONDUISENT GUÈRE A L'HABILETÉ DANS LA LECTURE ni dans l'exécution. Ce n'est que par de LONGS EXERCICES, *commencés dès l'enfance*, qu'on parvient à vaincre les DIFFICULTÉS MULTIPLES *de ces parties de l'art.* Choron se ressentit toujours de l'insuffisance de sa première éducation musicale, et bien que la nature l'eût doué d'un *sentiment* EXQUIS *des beautés de la musique*, et qu'il fût devenu par la suite un *savant musicien*, il ne put *jamais* saisir DU PRE-MIER COUP D'ŒIL le caractère d'un morceau de musique. Il lui fallait du temps et de la réflexion ; mais après le premier moment, il entrait *presque toujours* dans l'esprit d'une composition *avec plus de profondeur* que n'aurait pu faire un musicien plus exercé. »

Autre citation extraite d'une lettre publiée dans *La Musique*, gazette de la France musicale, numéro du 8 janvier 1849, page 5, colonne première, par M. *Martin d'Angers*, maître de chapelle de Saint-Germain-l'Auxerrois, professeur du Lycée Monge et compositeur habile :

« On vous dit magistralement.qu'il suffit de trois années, dans des conditions or-dinaires, pour faire un excellent lecteur vocal, avec trois leçons de deux heures par semaine.

« Moi; j'affirme que ce laps de temps est de la plus grande insuffisance. Si vous rencontrez, ce qui est fort rare, des natures musicales privilégiées, une année suf-fira peut-être pour les initier à toutes les difficultés de la lecture ; mais, dans les conditions ordinaires et en supposant même que l'élève ait un maître habile, vous n'obtiendrez un résultat complet qu'au bout de SIX OU HUIT ANS. Dans les maî-trises, où l'on faisait des lecteurs si consommés, les enfants déchiffraient des solféges avec basse vocale continue et des solféges d'ensemble, pendant DIX ET DOUZE ANS. Celui qui écrit ces lignes a solfié pendant TREIZE ANS, *tous les jours*, MATIN ET SOIR, à la maîtrise d'Angers ; et, quand il en est sorti, il a cru qu'il lui restait en-core quelque chose à apprendre en fait de lecture vocale. Depuis dix-sept ans qu'il est maître de chapelle, il n'a cessé de déchiffrer toute sorte de partitions allemandes, françaises et italiennes, afin de jouir à son aise du plaisir indicible de lire la musique comme on lit un livre de littérature.

« Eh ! bien, quand il a voulu rassembler cinq ou six lecteurs habiles pour lire, *aperto libro*, les fugues de Bach, les psaumes de Marcello, les chœurs de Gluck, de Rossini et de Meyerbeer, il a eu toutes les peines du monde à les découvrir, et en-core les deux tiers étaient d'anciens enfants de chœur ou des élèves de Choron. »

Autre citation non moins curieuse que les précédentes :

Un rapport officiel de M. le sous-inspecteur pour l'enseignement du chant, dans les écoles de la ville de Paris, renferme les résultats d'un examen général commencé le 11 avril 1849 et terminé le 13 juin suivant, après deux mois de travail non in-terrompu. Voici le résumé de ce travail curieux qui est peut-être la pièce la plus ac-cablante contre la méthode actuelle :

A. En 1849, — La méthode Wilhem avait déjà coûté à la ville de Paris 450,000 fr. depuis la création de l'Orphéon (1835) ;

B. Les écoles communales de Paris contenaient, à l'époque indiquée, environ vingt-sept mille enfants ;

C. Sur ces vingt-sept mille enfants, cinq mille six cent quatre-vingts seulement suivaient les classes de chant, C'est donc un cinquième seulement des enfants qui se trouvent appelés à profiter de l'enseignement du chant ; les quatre autres cinquièmes en sont privés. Pourquoi ?

D. L'inspection a été passée dans cent dix écoles ;

E. Sur les cinq mille six cent quatre-vingts enfants qui suivent les leçons de chant, quatre mille deux cent vingt-quatre n'avaient pas dépassé le tableau 28 de la méthode Wilhem, c'est-à-dire que leurs connaissances musicales étaient à peu près nulles. Quatorze cent cinquante-six seulement avaient franchi cette espèce de carré de l'hypothénuse, que n'ont jamais pu traverser tant de pauvres enfants ;

F. Huit cent dix sept enfants ont subi l'examen individuel, et c'étaient les plus avancés, puisque l'on trouve parmi ces huit cent dix-sept examinés, six cent quatre-vingt-huit moniteurs et quatre cent vingt-cinq orphéonistes. (Ces deux fonctions se sont souvent trouvées cumulées.)

G. Sur ces huit cent dix-sept, cent cinquante-six avaient moins de deux ans d'études, six cent soixante-un avaient de deux à cinq ans, et même huit ans d'études.

H. L'examen a roulé sur quatre airs, tous quatre écrits en clé de *sol*, deuxième ligne.

Le premier, en *ut*. — Huit mesures à quatre temps, n'ayant que des blanches, des noires et des croches, sans silence ni modulations.

Le deuxième, en *ut*. — Douze mesures à quatre temps, n'ayant que des blanches, des noires, dont trois pointées, des croches et trois soupirs disséminés, sans modulations.

Le troisième, en *sol*. — Seize mesures à quatre temps, n'ayant que des blanches, dont une pointée ; des noires, dont deux pointées ; des croches et trois demi-pauses, — un seul dièse comme accident, formant une modulation chromatique en éclair, de la tonique à la sus-tonique.

Le quatrième en *fa*. — Vingt mesures à trois temps, n'ayant que des blanches, des noires, avec ou sans points, et des croches, — sans aucun signe de silence. — Deux bécarres détruisant le bémol de l'armure, plus un *si* bémol chromatique en descendant.

Eh ! bien, sur les huit cent dix-sept élèves *d'élite* examinés, cent quatre-vingts, c'est-à-dire presque le quart, n'ont pu rien lire du tout.

L'air numéro 1 a été présenté à deux cent soixante-deux élèves.

L'air numéro 2 a été présenté à trois cent un élèves.

L'air numéro 3 a été présenté à cent soixante-trois élèves.

L'air numéro 4 n'a été présenté qu'à 94 élèves, les autres ayant échoué avant d'y arriver.

Voici le résumé de l'examen. Je cite seulement les élèves qui ont lu *sans faute et à première vue*, pour chacun des quatre airs d'exercices :

Air numéro 1. TROIS élèves sur deux cent soixante-deux.

Air numéro 2. QUATRE élèves sur trois cent un.

Air numéro 3. QUATRE élèves sur cent soixante-trois.

Air numéro 4. QUATRE élèves sur quatre-vingt-onze.

QUINZE ÉLÈVES (sur les huit cent dix-sept pris parmi les plus forts des cinq mille six cent quatre-vingts enfants qui suivent la musique et sur les vingt-sept mille qui peuplent les écoles) ont pu lire sans faute un petit air en *ut*, en *fa* ou en *sol*, écrit sur la clé de *sol*, deuxième ligne.....

Cela est consigné dans un rapport officiel. Voilà quel était l'état de l'enseignement musical en 1849... et rien ne prouve que si un pareil examen était fait aujourd'hui, il ne donnerait pas des résultats analogues.

Un dernier mot :

M. F. Delsarte, notre grand artiste, me disait, au commencement de cette année, que, quand il s'était agi, l'année dernière, de faire juger les chœurs présentés au concours des orphéons du grand festival, on n'avait pu trouver *quatre* lecteurs pour faire entendre les chœurs au jury, et que c'étaient les membres du jury eux-mêmes qui avaient été forcés de lire et de chanter les chœurs, pour qu'ils pussent les juger !... Et aujourd'hui la brochure ne craint pas d'écrire et de répéter, que tout le monde lit, qu'on lit partout, même dans les salles d'asile... Oui, elle a écrit cela !...

2° Page 9, *la brochure* dit : « La partition est l'image fidèle de l'orchestre, et l'emploi des différentes clés, qui amène cette variété d'application, permet au compositeur d'exprimer d'une manière *spéciale, distincte*, la sonorité propre de chaque instrument, et de *la représenter* par l'écriture, *à sa véritable place*, dans l'échelle générale des sons. »

Cela peut être vrai pour certains instruments, mais cela ne l'est pas pour tous ni dans tous les cas. Le saxophone baryton en *mi* bémol, transpose d'une treizième ; le saxophone en *si* bémol, d'une seizième, etc.

3° *La brochure* dit, page 13 :

« Il n'y a pas, il n'y a jamais eu dans l'écriture musicale, quoique M. Chevé « l'affirme, de formes d'unités correspondant à des durées absolues. Cela n'est pas. »

Si cela n'est pas, ce que l'on doit supposer, puisque la brochure l'affirme si positivement, je me permettrai de prier mes vingt et un adversaires de donner une explication raisonnable, admissible, de l'existence des quatre formes *ronde, blanche, noire* et *croche*, pour représenter l'entier, le temps, dans les quatre mesures deux-un, deux-deux, deux-quatre et deux-huit ; formes qui marquent entre elles des rapports mathématiques. *Nier* est toujours facile ; *prouver* est plus difficile. La preuve de votre affirmation, s'il vous plaît, Messieurs ; bien des gens seront, comme moi, très-heureux d'avoir une explication raisonnable d'un fait qui, compris de tous, avec l'hypothèse d'une unité fixe de durée, reste complètement incompréhensible sans cette hypothèse. Aussi, et malgré votre affirmation contraire, je maintiens pour vraie cette hypothèse, jusqu'à démonstration du contraire.

4° Page 15, *la brochure* dit :

« Mais cette grande question des tiers et des moitiés, comment la résout la nota- « tion de M. Chevé ? Purgée de toute espèce de *monstruosité*, elle doit marcher li- « bre et fière, M. Chevé ayant été maître d'inventer, de choisir, de multiplier les « signes. Ecoutons la méthode : »

« La barre simple recouvre toujours des moitiés ou des tiers. »

« Mais n'est-ce pas le même procédé, le même signe pour des fractions différen- « tes ? — M. Chevé n'a donc rien trouvé de mieux dans le choix libre qu'il pouvait « faire. Il a donc copié *l'abominable* notation. »

Non, Messieurs, nous n'avons rien copié, puisque chez vous les moitiés peuvent marcher aussi bien 3 à 3 que seules, et que les tiers vont aussi bien 2 à 2 que seuls, tandis que chez Galin, et non pas chez M. Chevé, les moitiés marchent toujours 2 à 2, jamais autrement, et les tiers 3 à 3, jamais autrement ; ce que vous avez omis d'indiquer dans la citation incomplète que vous avez prise dans la méthode. C'est-à-dire que vous avez omis le fait essentiel du groupement binaire ou ternaire. Ce n'est pas là de la critique sérieuse et loyale, tant s'en faut !

La brochure continue : « Mais ce n'est pas tout :

« La barre double représente toujours des quarts, des sixièmes et des neuvièmes. « La barre triple représente toujours des huitièmes, des douzièmes, des dix-hui- « tièmes et des vingt-septièmes. »

« M. Chevé met à de rudes épreuves la foi de ses admirateurs. »

Permettez-moi d'abord, Messieurs, de vous faire observer que quand M. Chevé cite un texte, il le cite complet, et qu'il n'oublie pas, lui, le fait dominant du text qu'il reproduit. Tandis que vous, Messieurs, par une incroyable inadvertance, vous *oubliez* encore ici, de citer le fait essentiel du morcellement des barres inférieures, et du groupement constant par deux et par trois, qui est exclusif à notre école; et qui, non-seulement rend toute erreur impossible, mais qui donne le moyen le plus sûr et le plus rapide, de compter et de comprendre instantanément l'idée exprimée. Que le lecteur veuille bien jeter de nouveau un coup d'œil sur les deux tableaux des pages 32 et 33. Ces tableaux contiennent la réponse la plus écrasante que l'on puisse faire aux sarcasmes hors de propos et aux affirmations si tranchantes, et cependant si fausses, de la brochure. — Je ne puis m'empêcher de relever encore ici cette imprudente affirmation de la brochure, écrite à la page 14 et à la page 15 :

« L'emploi du *même signe* pour les *tiers* et les *moitiés*, a DISPENSÉ d'inventer un signe nouveau. » *Dispensé*, est vraiment bien trouvé... Continuons :

« Lorsqu'un temps est formé de deux croches, par exemple, le lecteur comprend
« que chacune de ces croches est une moitié. Quand il est formé de trois croches,
« le lecteur comprend que chacune de ces croches représente un tiers. Cette énorme
« difficulté se résout d'un coup d'œil. Ainsi, par exemple, quand deux hommes se
« promènent ensemble, on s'aperçoit tout de suite qu'ils ne sont pas trois, et en-
« suite, on calcule aisément que chacun d'eux forme la moitié du groupe, tandis
« qu'il n'en formerait que le tiers s'ils étaient trois. C'est monstrueux ! »

Non ! mais c'est hardi !... Que notre écriture, qui groupe toujours et partout les signes fractionnaires 2 à 2 et 3 à 3, réponde ainsi, elle le peut, elle le doit, puisque c'est la vérité ; mais que l'écriture usuelle, qui ne groupe pas pour la voix, et qui groupe au hasard et *sans aucune loi* pour l'instrument, pousse l'imprudence jusqu'à écrire ainsi, c'est à n'y pas croire. Lecteur, jetez un coup d'œil sur le tableau de la page 32, sur les exemples de la page 39 puisés dans *la Juive* de M. Halévy, et dites-moi si vous comprendrez que mes vingt et un illustres adversaires aient pu se laisser entraîner à signer un pareil sarcasme, qui serait la vérité sous notre plume, et à l'adresse de leur écriture, mais qui est tout le contraire sous la leur.

Pour montrer combien ces paroles sont peu réfléchies, que l'on me permette encore l'exemple suivant, que je prends au hasard entre mille du même genre ; il contient simplement douze doubles-croches isolées, comme on les rencontre dans l'exemple pris chez M. Halévy, et que le lecteur a déjà vu à la page 38.

Au point de vue de *la mesure*, et en supposant votre clé de sol, ces douze signes peuvent répondre aux idées suivantes :

| 5434 567 | 2321 | *dans la mesure à* 3/4.

| 543456 71232 1 | *dans la mesure à* 6/8.

| 543 456 712 321 | *dans la mesure à* 12/16.

| 543456 71232 1 | *dans la mesure à* 2/4, *avec triolets.*

Au point de vue des *fonctions*, chacun des points peut les représenter toutes les sept, ce qui porte à vingt-huit le nombre des effets différents exprimés par la même image.

Au point de vue du *ton*, au point de vue de ce que la brochure appelle la *sincérité* de l'intonation, c'est-à-dire au point de vue de *l'armure*, celle de ces notes qui est tonique peut représenter les 15 sons depuis *ut bémol* jusqu'à *ut dièse*. C'est donc 28 à multiplier par 15, ce qui donne le modeste produit de 420 expressions pour la même image... Et l'on dit que l'écriture usuelle parle aux yeux, alors qu'elle est une énigme perpétuelle, et on reproche à la nôtre d'être ambiguë, quand la même image répond toujours et partout à la même idée !...

Le vrai peut, quelquefois, n'être pas vraisemblable.

5° Page 21, *la brochure* affirme que :

« La notation usuelle se prête merveilleusement à la manifestation *claire, précise,*
« des idées musicales les plus simples comme les plus compliquées... Les petits
« enfants la lisent... Elle est aussi parfaite qu'il *est* donné aux choses humaines de
« l'être. »

Lecteur, revenez encore aux exemples de M. Halévy, pages 38, 39, et admirez la clarté, la précision de cette écriture qui, — quoique parlant aux yeux, — a besoin de conventions perpétuellement mobiles pour être comprise... Ce qui parle aux yeux n'a pas besoin de conventions pour être compris : un rond ne sera jamais pris pour un carré... Et la brochure, après M. Fétis, ose imprimer que l'écriture musicale, — qui a huit cent quarante manières d'écrire un mot, — « est aussi parfaite qu'il « *est* donné aux choses humaines de l'être ! » *La brochure* n'est pas difficile en fait de perfection ! Elle regrette même qu'il n'y ait pas *mille, dix mille, cent mille manières d'écrire chaque mot !*.....

6° On lit à la page 29 de la brochure, en note :

« M. Chevé dit : » « Répondrai-je à cette niaiserie de temps perdu à apprendre
« deux écritures au lieu d'une ? Le mathématicien en apprend bien trois, celle de
« l'arithmétique, celle de la géométrie et celle de l'algèbre, parce qu'il a trois ordres
« d'idées distinctes à rendre : A-t-il tort ou raison ? » « Certes, le mathématicien
« a grandement raison, parce qu'il a, comme le dit M. Chevé, trois ordres d'idées
« distinctes à rendre, et que l'écriture de l'arithmétique ne suffit ni à l'algèbre ni
« à la géométrie, et que celle de l'algèbre ne suffit pas à la géométrie. Mais le
« musicien n'a qu'un ordre d'idées à rendre, et son écriture suffit complétement,
« parfaitement à cet ordre d'idées. Il y a lieu de s'étonner qu'un savant, à la fois
« professeur de mathématiques et de musique, ait pu écrire une phrase si étrange...»

Voilà, précisément, la cause du mal. Les musiciens n'ont pas remarqué que pour l'intonation, il y avait à rendre deux ordres d'idées diamétralement opposées :

A. Pour la voix et les instruments omnitones, un mode identique dans tous les tons et reproduit par un *mécanisme identique* dans tous les tons. Donc, langue et écriture modales identiques dans tous les tons.

B. Pour les instruments à tonalités fixes, un mode qui, pour être reproduit à tous les tons, demande chaque fois un mécanisme nouveau de construction, et, partant, de doigté. Donc, langue et écriture particulières, propres à chaque ton ; langue et écriture tonales, variant à chaque ton.

Voilà les deux ordres d'idées opposées. Pour la voix, pour le genre humain tout entier, il faut donc une langue et une écriture modales, en rapport avec le mécanisme du larynx : pour les instruments, pour l'exception, il faut une langue et une écriture tonales, en rapport avec le mécanisme des instruments... Vous voyez, Messieurs, que vos éternels sarcasmes sont encore ici hors de propos, et que c'est vous qui méritez le reproche de n'avoir pas pris garde, qu'en condamnant le larynx omnitone à suivre la route si difficile, pour lui, de l'instrument borné à un petit nombre de tons fixes, vous avez empêché jusqu'ici l'immense majorité des habitants du globe de développer la faculté musicale du larynx et de l'oreille, comme ils ont développé celle de la parole. Ceci est un très-grand malheur.

7º *La brochure* dit, page 35 :

« Ces difficultés (de l'écriture en chiffres) sont encore bien plus grandes, et
« deviennent tout à fait insurmontables lorsqu'il s'agit de modulations enharmoni-
« ques. »

Tout en protestant contre la modulation enharmonique *pour la voix*, je dois
faire observer à mes illustres adversaires qu'ils se trompent encore complétement,
en affirmant que nous ne pouvons écrire les modulations enharmoniques. — Nous
écrivons TOUT, sans aucune exception, et nous n'avons pas encore rencontré une
idée musicale, une seule, que nous ne puissions pas écrire, et que nous n'écrivions,
presque toujours, beaucoup plus simplement et surtout plus clairement que ne le
fait l'écriture usuelle; notre système de notation étant complet, au double point de
vue de l'intonation et de la durée, peut écrire toutes les idées d'intonation et de durée,
comme les chiffres de notre numération peuvent écrire tous les nombres. Ouvrez
nos recueils de chœurs, vous y trouverez toutes les modulations des auteurs rendues
avec une exactitude parfaite... Ici l'affirmation reste donc encore tout entière à
votre charge.

8º Page 36, *la brochure* dit encore :

« Et parce que les transitions enharmoniques ne peuvent être exprimées avec
« sécurité dans la notation en chiffres, M. Chevé est conduit à *nier* ce qu'il ne sau-
« rait empêcher d'être : L'ENHARMONIE. »

Voici d'abord la réponse à l'affirmation qui nous accuse de « ne pouvoir rendre
« avec sécurité les modulations enharmoniques. » Cette réponse se trouve dans le
fragment suivant, emprunté par M. Aimé Paris à l'opéra de Donizetti, *Don Sébastien*.
Je donne l'exemple en double : je le présente d'abord écrit d'après notre système,
en langue d'*ut*, avec emploi des syllabes de mutation; puis, écrit en langue tonale,
comme le fait l'écriture usuelle...

Fragment de Don Sébastien (DONIZETTI). — Nº 24. de l'Op.

Ton de **LEU**.

(*ui* 1-3—)

005 | 5 .12 | 343. ..3 | 5 .23 | 1 003 | 1 .76 | 5o3 5o0 | 6o4 176 |

(*sut* 5-1⌣)　　　　　　　　　　(*mol* 3-5⌣)

| 5 ..6 | 5.7 6o1. | 7.2 1.3 | 2.7 1.5 | 3 3.4 | 3o2 +o3 | 2o5 2 | etc.

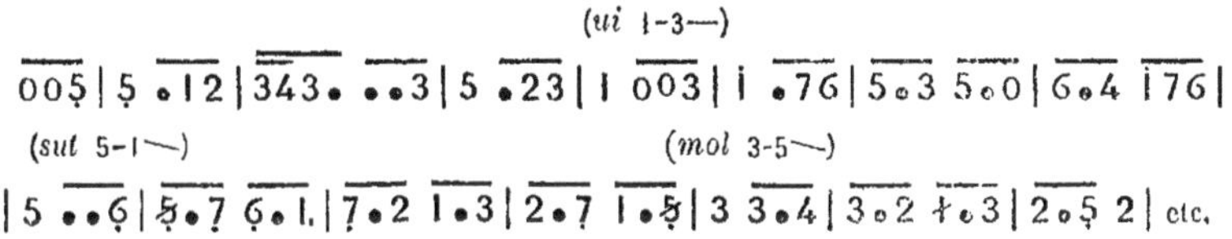

FONCTION DES SYLLABES DE MUTATION DANS CE PASSAGE.

Ui opère le changement tonal de *la bémol majeur* en *mi majeur*, enharmonique
de *fa bémol majeur*.

Sut opère le changement de *mi majeur* en *la bémol mineur*.

Mol opère le retour en *la bémol majeur*, tonalité principale du fragment.

Ainsi, trois simples changements de nom, *clairement* indiqués et très-faciles à
effectuer, permettent de parcourir, *sans accompagnement*, des modulations qui,
dans le texte original, se présentent avec une effroyable complication de signes,
dont on peut avoir la mesure par la reproduction suivante, dans la langue des *sons
absolus*, défendue par mes vingt et un adversaires :

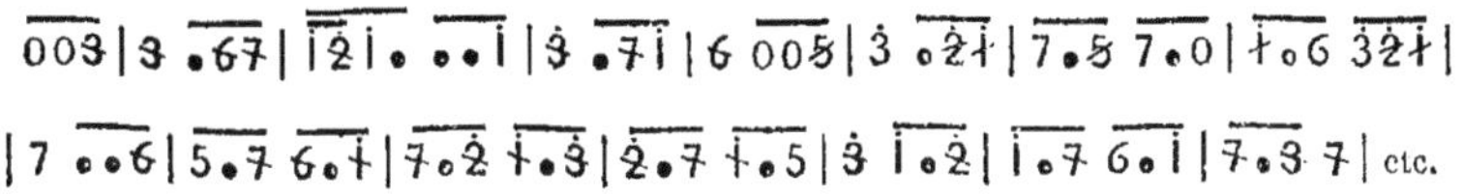

003 | 3 .67 | 12 i. ..1 | 3 .71 | 6 005 | 3 o21 | 7.5 7o0 | +o6 321 |

| 7 ..6 | 5.7 6o+ | 7o2 +o3 | 2.7 +o5 | 3 1o2 | 1o7 6o1 | 7o3 7 | etc.

Beaucoup de personnes qui font de la musique depuis *vingt* ans ne chanteraient pas, sur la notation de l'auteur, ces quelques mesures à la trentième lecture, *faite autrement que sous la dictée d'un instrument*. Avec l'écriture de Galin, et nos syllabes de mutation, des enfants de sept ans, au bout de trois mois, le font sans se douter qu'ils franchissent d'immenses difficultés.

Quant à l'enharmonie, c'est un *fait* dans les instruments tempérés, et je n'ai jamais nié un fait. Mais cela ne m'empêche pas de dire et de soutenir qu'un *sol* dièse n'est pas un *la* bémol, et que l'enharmonie n'est qu'un escamotage employé pour éviter des difficultés absolument *insurmontables* dans la lecture et dans le doigté des instruments ; difficultés dont on n'a nul besoin de se préoccuper, quand on écrit pour la voix seule et que l'on a à sa disposition une écriture modale. Le compositeur voulût-il moduler dix fois de suite à quatre quintes, soit en montant, soit en descendant, que dix fois de suite, la simple mutation de *mi* en *ut* ou de *leu* en *ut* lui permettrait d'obéir à son inspiration, sans qu'il eût besoin de penser à l'enharmonie, que jamais la voix n'aurait imaginée, parce que l'écriture vocale et le mécanisme de la voix répondent parfaitement à toutes ces modulations, sans difficultés ni complications insurmontables, comme cela arrive pour l'écriture usuelle et pour les instruments.

Continuez donc l'emploi de l'enharmonie comme un *expédient* nécessaire aux instruments actuels ; mais gardez-vous d'en faire une loi naturelle : ce n'est pas ainsi que les sciences progressent.

9° Quand j'ai fait le parallèle des deux écoles page 43 à l'article *intonation*, j'ai mis en relief cette différence radicale entre les deux systèmes : la théorie des *sons absolus*, relativement à un point de départ conventionnel, et la théorie des *rapports* quel que soit le point de départ.

Dans les écoles officielles, on part d'un diapason fixe qui, donnant son nom à l'un des échelons de l'échelle, au *la*, détermine par cela même l'échelle musicale tout entière, relativement à ce diapason. Chacun des sons de l'échelle devient donc un son absolu relativement à ce point de départ, et chacun des monosyllabes *ut*, *ré*, *mi*, *etc.*, désigne *toujours* le même échelon de cette échelle fixe, absolue, de telle façon que chaque ton a pour désigner sa tonique un nom différent, et que chacune des six autres fonctions du mode change également de nom à chaque ton. En un mot : *La langue est tonale.* — Ce fait, nous le désignons par ces mots : système du *ton absolu*, parce que le même mot désigne toujours *absolument* le même son de l'échelle adoptée, quelle que soit la fonction qu'il remplisse dans le ton nouveau où on le rencontre et bien que tous les rapports primitifs soient changés.

Dans l'École de Galin, on part de la tonique indiquée par le compositeur, et, quelle que soit cette tonique, on lui applique toujours le nom *d'ut* (je parle du mode majeur) ; de sorte que chacun des sept monosyllabes *ut*, *ré*, *mi*, *etc.*, désigne toujours la même fonction du même mode ; la langue est modale, et les mêmes mots indiquent toujours les mêmes rapports. Nous désignons ce fait par ces mots : système des *rapports*.

Ainsi, dans le système du *ton absolu*, le même mot indiquant toujours le même son absolu, à partir du diapason basique, à l'audition d'un son on doit répondre : c'est un *mi*, c'est un *sol*, *etc* ; quelle que soit la fonction de ce son dans le ton où on le rencontre.

Dans le système *des rapports*, au contraire, le même mot indiquant toujours la même fonction dans tous les tons, à l'audition de ce son on doit répondre : c'est la *médiante*, c'est la *dominante etc.*, quelle que soit la hauteur réelle de ce son dans l'échelle, non pas d'un diapason donné, mais dans l'échelle complète de tous les sons accessibles à notre oreille.

La brochure dit, page 44 :

« C'est une habitude de la discussion de quelques-uns de prêter à ceux qui leur

« déplaisent, un grand nombre d'absurdités. La notation est absurde, nous sommes
« absurdes; le musicien est un être absurde, qui marche entouré d'absurdités. M.
« Chevé dit gravement : « C'est l'absence de théorie qui a conduit à enseigner
« l'intonation par cette *immense absurdité du ton absolu.* — Qui s'est jamais mis
« dans l'idée d'imaginer la température absolue, la pesanteur absolue, l'odeur
« absolue, la saveur absolue, la couleur absolue? « Oui, nous le demandons à
« M. le docteur (tout en nous inclinant devant cette savante énumération) — qui
« s'est jamais mis cela dans l'idée? — Et nous lui demandons surtout de vouloir
« bien nous indiquer le traité de musique, de nous citer le livre, la page, la ligne
« où l'on enseigne *l'immense absurdité du ton absolu.* »

J'ai dit, et je répète que la théorie des *douze demi-tons,* la théorie des conservatoires, repose exclusivement sur le *ton absolu,* sur la théorie du même nom dési-
gnant toujours le même son de l'instrument; mes illustres adversaires le nient et
m'accusent de leur prêter des *absurdités,* pour m'accorder le plaisir de les appeler
absurdes. Ils me demandent de leur citer le *livre,* la *page,* la *ligne* où l'on enseigne
l'immense absurdité du ton absolu; je vais les satisfaire, en citant leur propre brochure, et en leur laissant le soin de se répondre à eux-mêmes. Si Chamfort était encore ici, il dirait : M. Chevé accuse ces messieurs de suivre la théorie du ton
absolu; c'est lui qui le dit et ce sont eux qui le prouvent. — Laissons parler mes
illustres adversaires : Ils ont écrit, page 33 :

« Jamais (chez M. Chevé), le signe écrit ne représente un son défini. Dans l'é-
« criture en chiffres, le signe 1 n'est qu'un symbole. Il représente la première note *ut.*
« Mais si le morceau qu'il s'agit de chanter est dans le ton de *sol,* ce chiffre 1 re-
« présente la note *sol* » — (vous voulez dire le son *sol*) — « et conserve en même
« temps son nom général *ut.* » — Puis, la brochure ajoute en note : « *Monsieur*
« *Chevé.* »— (Il fallait dire *Madame* Chevé) commence ainsi son enseignement. —
«« Dans nos exercices — (dit M. Chevé, avec le langage qu'il lui plaît de parler) —
«« on n'a nul besoin de se préoccuper de la hauteur à laquelle il faut prendre l'*ut* de
«« départ. »» « Cela veut dire qu'*on peut donner aux notes tel son qu'on choisira,*
« sans souci de LA NOTE *représentée* et DU SON que LUI ASSIGNENT *le diapason*
« *et les instruments.* »

Peut-on afficher plus clairement la théorie du ton absolu? « Donner un son quel-
« conque au signe, sans souci du son » absolu « que lui assignent le diapason ou les
« instruments... » Vous blâmez la théorie des rapports; vous préconisez la théorie
du *même son* pour le *même nom,* donc vous êtes pour le *ton absolu,* pour la langue
de l'instrument, pour la langue tonale appliquée à la voix : donc, vous êtes dans le faux.

Pages 34 et 35 de *la brochure,* on lit le paragraphe suivant : « Remarquez que
« cette liberté, cette licence, » d'appeler toujours *ut* la tonique majeure — « peut
« très-bien se pratiquer avec la notation usuelle. — Ce n'est pas une invention de
« M. Chevé; rien n'empêche, quelle que soit l'écriture employée, de nommer *ut* et
« de chanter *fa* ou *la.* »

Donc, vous êtes pour le *ton absolu.* puisque, quand nous disons *ut,* en *fa* et en
la, vous dites que nous chantons un *fa* ou un *la.* « Mais, dans notre enseignement,
« on n'a pas cette indifférence superbe. *On craindrait,* en agissant ainsi, de détruire
« le sentiment de l'intonation régulière, celui de l'appréciation des tonalités di-
« verses. »

C'est-à-dire le sentiment du ton absolu.

« L'oreille du musicien, comme l'œil du peintre, a besoin d'une sensibilité
« exquise. Nous ne voudrions pas que notre enseignement, trop peu scrupuleux,
« altérât cette sensibilité, se fît une loi, bien plus, un mérite, de détruire une fa-
« culté de discernement, une délicatesse qui est une supériorité. »

Donc, pour vous, la délicatesse de l'organe ne consiste pas dans l'appréciation exacte *des rapports*, la seule chose que donne la nature; mais dans l'acte de mémoire qui reconnaît la hauteur absolue du *fa*, du *ré*, du *si bémol* de votre instrument ou de votre diapason. Donc, c'est bien la théorie du *son absolu* que vous préconisez, en repoussant celle des rapports; et, pour en revenir à vos sarcasmes, si malheureux dans leur application, vous voulez que *l'oreille, entendant un nombre donné de vibrations* — un son — sans terme de comparaison, reconnaisse le *nom absolu* de ce son sur votre instrument, ou relativement à votre diapason. — C'est-à-dire que vous voulez qu'un physicien, appliquant sa main sur un métal plus ou moins chaud, déclare que la température de ce métal marque tel *degré absolu* du thermomètre de l'ingénieur Chevallier, celui-là même que voient quelques-uns de mes illustres adversaires en se rendant à l'Institut. — Voilà ce que vous voulez; l'analogie est complète, et toutes vos dénégations ne sauraient la détruire; et voilà ce qui prouve, une fois de plus, que vous êtes partisans du *ton absolu*.

J'emprunte, en passant, l'exemple suivant aux *Leçons de lecture musicale* de M. Halévy, page 141, 36ᵉ leçon, nº 382, ligne 28 et suivantes.

« Ce mode de transposition, qui n'exige aucun travail, aucune préparation intelligente, peut faire perdre la notion DU SON DÉTERMINÉ ATTACHÉ A CHAQUE NOTE. Pour l'oreille sensible, dont l'éducation a été bien dirigée, LE SOUVENIR DU SON RESTE ATTACHÉ AU NOM QU'IL REPRÉSENTE, et pendant une exécution musicale, chacun des sons qui passent semble dire au musicien exercé le nom de la note qui exprime ce son dans la notation. On ne pourrait donc user fréquemment de ce mode de transposition qu'aux dépens de la finesse, de la fidélité de l'oreille, puisque chaque fois qu'on l'emploie ON ALTÈRE LA VÉRITÉ DE L'INTONATION. »

Donc M. Halévy est pour le ton absolu, *le seul que n'altère pas la vérité de l'intonation;* mais comme il n'en prononce pas le mot, il en nie l'existence. C'est vraiment incroyable !

Page 42, *la brochure* dit, à propos du bécarre :

« Remarquez bien que la conséquence du système de M. Chevé, est celle-ci : il « n'a pas dans son écriture de signe pour exprimer LA VRAIE FONCTION du « *bécarre*. » — C'est moi qui souligne. — « Fidèle aux principes erronés qu'il « vient d'émettre, il représente le *bécarre*, » — c'est encore moi qui souligne, — « tantôt par la *barre transversale de droite à gauche*, signe du bémol dans sa « notation ; tantôt par la *barre de gauche à droite*, signe du dièse. » — Au lieu de *transversale*, la brochure a voulu dire : *oblique de bas en haut*, ce qui est bien différent. — « Il résulte donc de cette étrange et multiple confusion, que *le bécarre*, » — c'est moi qui souligne, — « *est représenté par deux signes différents*, et que « chacun de ces deux signes différents qui expriment la même chose a deux accep- « tions différentes, l'une voulant dire *bémol* et *bécarre*; l'autre *dièse* et *bécarre*; « de sorte que 7 barré (7̷) signifie aussi bien *si bémol* que *fa naturel*; que 5 barré « (5̷). » — Ces Messieurs veulent encore dire 4 barré (4̷) — « signifie *fa dièse* « et *si naturel*. Peut-on mieux enseigner l'erreur et le désordre ? Et M. Chevé « n'est-il pas bien venu après cela, à signaler sans cesse à l'indignation du monde « entier, la *confusion* de la notation usuelle, qui a un signe pour chaque chose et « un nom pour chaque signe. »

En attendant que mes élèves de l'école préparatoire de Sainte-Barbe, de l'École normale supérieure, et de l'École polytechnique, — je ferai appel à tous, — veuillent bien m'expliquer et m'aider à comprendre ce petit *amphigouri* qui n'a rien de commun ni avec nos doctrines, ni avec notre écriture, laquelle n'emploie pas des horizontales pour des obliques et des 5 pour des 4, je constate une fois encore, dans ces lignes ambiguës, la consécration de la théorie du *ton absolu*, par mes illustres adversaires. En effet, quand on accuse *notre* bécarre, qui n'existe pas, de marquer *si bémol* ou *fa naturel*, *fa dièse* ou *si naturel*, on porte une accusation qui n'a de raison d'être que dans la théorie du *ton absolu*. — Ces accusations ne peuvent exister dans la théorie des rapports.

La brochure dit, page 46 :

« On convint alors de choisir un ton quelconque, qui deviendrait le ton régula-
« teur, le point de repère, le centre autour duquel graviteraient, dans une concor-
« dance commune, les sonorités *vocales* » — (Voilà le mal) — « et instrumentales
« qui, aux diverses époques de l'art, ont formé l'ensemble des ressources de la mu-
« sique. Le ton que nous nommons *la*, fut choisi pour cet office de *ton régulateur*,
« *de diapason*, comme on dit aujourd'hui. — Mais, qu'on ait jamais *dit*, *écrit* ou
« *enseigné*, » — c'est moi qui souligne, — « qu'il y a dans la nature un *la absolu*,
« qu'on ait jamais dit à un élève : cherchez, étudiez, chantez le *la absolu* ; cela
« n'existe que dans l'imagination et dans les livres de M. le docteur Chevé ; et, en
« vérité, pour se permettre d'écrire de telles choses, il faut être bien sûr de *l'impu-
« nité*, » — c'est moi qui souligne, — « nous voulons dire qu'il faut avoir la con-
« science qu'aucun homme *compétent* ne *daignera* prendre une plume pour com-
« battre des assertions si étranges, si contraires à la vérité, qu'elles paraîtront devoir
« tomber d'elles-mêmes. C'est quelquefois la destinée des plus mauvais arguments
« de faire un certain chemin dans le monde, parce qu'ils sont dédaignés par ceux
« qui auraient le devoir de les détruire d'un seul mot. »

On le voit, ces Messieurs sont gracieux pour moi, — heureusement qu'ils sont compétents dans la question du ton absolu, et qu'ils ont *daigné* se réunir vingt et un pour que je ne jouisse pas plus longtemps de l'impunité ; mais, au lieu de citer des faits prouvant qu'ils suivent le système des rapports et non celui du ton absolu, — car il n'y a que deux systèmes possibles en intonation, — ils citent l'histoire du diapason, qui est devenu leur ton *absolu*, — attendu que la nature ne leur en four-nissait pas, — et ils prouvent une fois de plus qu'ils suivent le *ton absolu*. Il est vrai qu'aucun de leurs livres ne contient les mots *ton absolu* ; mais cela n'infirme en rien le fait ; cela prouve seulement, qu'à l'exemple de M. Jourdain, on peut *faire du ton absolu sans le savoir*. Je prends aussi la liberté de faire mon emprunt à Molière.

Page 47, la *brochure* répète :

« Il existe une convention, on a choisi un *ton régulateur*, un diapason, un lien
« commun pour l'accord des voix et des instruments, c'est *le son* nommé *la*, » —
il existe donc pour vous, ce *ton absolu* ! — « on aurait pu choisir tout autre son, le
« nommer de tout autre nom. Peu importe ! *Conformez-vous à ce que le régulateur*
« *indique. Obéissez à la loi qu'il impose, et donnez* TOUJOURS *à chacun des*
« *sons qui composent l'échelle musicale le* NOM *qu'il doit porter en raison de la*
« *distance où il se trouve du ton régulateur*. Voilà ce que disent, ce que pratiquent
« les musiciens ; et cela n'est-il pas conforme au bon sens, à la raison, à la saine
« appréciation des choses ? Non-seulement *le régulateur fixe* un point de repère,
« mais *il règle le système général de l'intonation*. »

Est-ce clair, lecteur ? Ai-je tort d'accuser ces Messieurs de professer la théorie du *ton absolu* ? — et, parce qu'au lieu de trouver un diapason dans la nature, il leur a fallu en prendre un de fantaisie, cela ne laisse-t-il pas entier le fait de chanter par le système du ton absolu, qui veut que le *même nom* désigne toujours la *même hau-teur* de l'échelle ; et non par celui des *rapports*, qui veut que le *même nom* désigne toujours la *même fonction*, abstraction faite de la hauteur du point de départ. — Qui donc mérite encore ici tous les sarcasmes si amers, écrits à mon adresse par mes vingt et un illustres adversaires ?

Ce paragraphe est déjà bien long, mais je demande grâce encore pour une autre citation ; elle est si concluante ! La brochure dit, page 48 :

« On connaît le *piano transpositeur*. C'est une mécanique fort appréciée des
« ignorants, laquelle se manœuvre à l'aide d'une clef. Lorsque, par hasard, un mu-

« sicien instruit pose la main sur un piano transpositeur, s'il entend la touche qui
« doit sonner l'*ut*, sonner le *fa* ou le *sol*, il éprouve l'impression pénible que cause
« *le mensonge aux âmes honnêtes*, car le piano *ment*. Eh ! bien, le piano transpo-
« si*t*eur est la réalisation matérielle du système de M. Chevé. Il en est l'image vi-
« sible et tangible. M. le professeur Chevé réduit la voix humaine, organe intelligent,
« d'une volonté intelligente, à l'état de machine, ou de mécanique. Car le chanteur
« *ment*, lorsqu'il *altère* LA SINCÉRITÉ DE L'INTONATION, lorsqu'il TRANS-
« POSE sans avoir la conscience de ses actes et de ses opérations. N'est-ce pas
« plutôt dans le système purement mécanique de M. Chevé, qu'on peut trouver
« quelque chose *d'abrutissant ?* »

Sans m'arrêter à la forme dont mes vingt et un illustres adversaires ont cru devoir revêtir leur idée, je prends acte, une fois de plus, de l'hommage complet qu'ils
rendent à la théorie du ton absolu : tout ce paragraphe, si explicite, n'a, en effet,
aucun sens, en dehors de la théorie du ton absolu, tandis qu'il est parfaitement
juste, parfaitement logique, appuyé sur cette théorie.

Quant à cette singulière accusation que m'adressent ces Messieurs, de « réduire
« la voix humaine, organe intelligent, d'une volonté intelligente, à l'état de machine,
« ou de mécanique, » je la renvoie à mes illustres adversaires. C'est la théorie des
rapports qui permet à l'organe intelligent de prendre sa véritable place, sans s'inquiéter de l'infirmité de l'instrument ; et c'est, au contraire, la théorie du ton absolu
qui condamne la voix intelligente à se faire *mécanique instrumentale*, en prenant
des sons de remplacement dont elle n'a que faire, et cela, parce que l'instrument est
obligé d'en prendre pour changer de ton.

C'est donc vous encore, Messieurs, qui méritez le reproche que vous m'adressez
à tort.

Enfin, je trouve, à la page 116 de l'ouvrage de M. La Sabbathie, sur le Conservatoire, un règlement duquel j'extrais les lignes suivantes :

« SOLFÉGE. L'enseignement élémentaire de la *solmisation simultanée* est inter-
« dit dans l'école spéciale de musique ; de même, il est interdit aux professeurs de
« faire solfier les élèves en CHANGEANT LA TONALITÉ *de la leçon*, SANS CHANGER LE
« NOM DES NOTES. »

Est-ce clair ? et n'est-ce pas là la théorie du *ton absolu* dans toute sa franchise,
dans toute sa naïveté ?

Il est vrai que, si *la chose est partout*, le nom *n'est nulle part*, c'est peut-être
pour cela que mes illustres adversaires n'y ont pas pris garde. Mais cette lacune,
dans le vocabulaire des écoles officielles, empêche-t-elle que ce qui est, ne soit pas,
et que le ton absolu ne soit pas la base des écoles officielles? — Nullement!...

7° RAISONNEMENTS SPÉCIEUX.

Page 25, la brochure dit :

« Peut-elle (l'écriture en chiffres) devenir notation universelle? Peut-on, raison-
« nablement, supposer que les *musiciens* de tous les pays vont s'entendre, vont
« conspirer pour changer une bonne chose, bien établie, qui fonctionne bien?
« Pourquoi? Dans quel but? »

Permettez-moi, Messieurs, de remplacer, dans votre phrase, les mots *écriture en
chiffres*, par ceux-ci, *chemins de fer ;* le mot, *notation*, par *locomotion ;* et le mot
musiciens, par ceux-ci, *maîtres de poste*, et reprenons votre phrase, ainsi modifiée,
dans son application spéciale, mais restée toujours la même, quant à l'idée générale
qu'elle contient :

« Peuvent-*ils* (les chemins de fer) devenir moyens de *locomotion* universelle?

« Peut-on, raisonnablement, supposer que les *maîtres de poste* de tous les pays
« vont s'entendre, vont conspirer pour changer une bonne chose, bien établie, qui
« fonctionne bien? Pourquoi? Dans quel but? »

Qu'a-t-on répondu aux maîtres de poste?

On leur a dit : Les chemins de fer semblent d'autant plus appelés à devenir une
chose universelle qu'ils offrent tous les caractères de l'universalité: accessibles aux
grandes masses, ils présentent une immense économie de temps et d'argent, et,
grâce à eux, petits et grands, riches et pauvres, pourront un jour voyager partout;
ce qui n'est, aujourd'hui, que le privilége du très-petit nombre, qui, malgré tout,
dépense un temps énorme en chemin. — Grâce à eux, une armée tout entière,
avec armes et bagages, pourra se transporter en Italie plus vite qu'elle n'aurait
traversé jadis deux ou trois départements. Vous pouvez donc être tranquilles sur
l'avenir universel des chemins de fer... Et l'on a fait des chemins de fer.

Quant à la question de savoir « si l'on pouvait raisonnablement supposer que les
« maîtres de poste de tous les pays allaient s'entendre, allaient conspirer pour
« changer une bonne chose bien établie, qui fonctionnait bien? » voici encore
ce que le fait a répondu : « Loin que les maîtres de poste aient *conspiré* POUR, ils
ont, au contraire, conspiré CONTRE l'établissement des chemins de fer. Mais le
public a examiné, il a comparé; et, après expérimentation cent fois répétée, il a jugé
contre les maîtres de poste. Et, bien que les voitures *attelées* fussent un moyen universel de locomotion et que les diligences et les chaises de poste fussent de *bonnes
choses*, et même de très-bonnes choses, *bien établies, fonctionnant bien*, on a passé
outre, malgré l'opposition des hommes spéciaux, et on a adopté, et on développe chaque
jour de plus en plus, le système des chemins de fer, système qui sera bien autrement universel que celui qu'il remplace, si l'on veut surtout tenir compte du nombre de ceux qui auront profité ou qui profiteront de chacun des deux systèmes de
locomotion! — Et j'ajoute que les maîtres de poste et les savants qui avaient repoussé
les chemins de fer, sont, aujourd'hui, les premiers à en profiter, quand ils sont
pressés ou qu'ils ont des masses considérables à transporter rapidement et au loin.

« Pourquoi? et dans quel but changerait-on? » demande encore la brochure.
Pourquoi on a changé? *Parce qu*'après examen sérieux, comparaisons répétées, et
malgré l'avis des hommes spéciaux et des savants qui *prouvaient* que les roues de
la locomotive tourneraient sur place, on a bien et dûment constaté des avantages
immenses pour les masses — c'est-à-dire pour tout le monde — dans l'adoption
des chemins de fer. — Avantages généraux que ne sauraient jamais réunir les voitures ordinaires : Vitesse de locomotion, convois énormes substitués aux voitures
isolées, etc. Voilà pourquoi on a changé; et on a très-bien fait.

« Dans quel but? » Dans le but de rendre accessible à tous, ce qui n'était jusqu'alors que l'apanage du petit nombre, et de permettre aux masses de voyager
tout aussi rapidement que les grands seigneurs. On a changé, dans le but d'écono-
miser les trois quarts, au moins, du temps *perdu* en voyage, aussi bien pour le riche
que pour le pauvre.

Voilà l'histoire d'hier et d'aujourd'hui. Voulez-vous l'histoire de demain? Appliquez ce que je viens de dire *des chemins de fer* à ce que mes vingt et un adversaires
ont dit *de l'écriture en chiffres*, et dites-moi si l'analogie n'est pas frappante ?

Oui! le chiffre deviendra écriture universelle, parce qu'il renferme, dans son
essence, tous les caractères qui appartiennent aux choses vraiment universelles, ce
que ne fait pas l'écriture musicale usuelle.

1° Le mode à tous les tons est un fait accessible à l'universalité des hommes, le
chiffre rend avec une précision, une simplicité et une clarté admirables l'idée du
mode identique dans tous les tons et toujours reproduit avec la même langue. La
portée ne le fait pas.

2° Même pour *l'exception*, pour l'instrument à sons fixes, qui emploie les *langues tonales*, le chiffre rend avec une clarté parfaite ces diverses langues tonales, sans changement d'alphabet d'un instrument à l'autre ou d'une octave à l'autre, comme la chose a lieu sur la portée.

3° Le chiffre est un instrument précieux pour l'intelligence universelle de la théorie musicale; théorie rendue presqu'inintelligible, même pour les hommes les plus intelligents, par l'écriture usuelle. Combien de personnes font le raisonnement suivant : On est dans le ton de *ré, parce qu'il* y a deux dièses ; et il y a deux dièses, *parce qu'on* est dans le ton de *ré?* — Jamais un théoricien du chiffre n'a fait et ne fera un raisonnement pareil : ayant tout compris, la pétition de principes lui est impossible.

4° Le chiffre est une écriture commode, facile à lire et à tracer, qui ne demande pas, comme l'écriture usuelle si compliquée et d'une exécution si difficile, un papier tout spécial, préparé d'avance et que l'on ne trouve pas partout.

5° Le *chiffre*, né d'hier pour la musique, répond déjà aux exigences les plus minutieuses de la typographie, tout aussi facilement que la *lettre*, ce que n'a pu faire encore et ce que ne fera jamais probablement la *portée*, née plusieurs siècles avant l'imprimerie. Aussi, le chiffre rend-il la reproduction, à *très-bon marché*, de toute œuvre musicale, aussi facile que celle des almanachs et des publications illustrées à cinq centimes.

6° Le *chiffre* arabe, enfin, est vraiment l'écriture *universelle* par excellence ; non pas *l'écriture universelle de quelques hommes spéciaux*, instinctivement repoussée par le bon sens général; mais *l'écriture universelle de tous les pays* et de *tous les hommes qui comptent.* Le chiffre est connu de mille fois, de dix mille fois plus de monde que l'écriture musicale, que presque personne ne connaît, en dehors des hommes spéciaux. Une fois le chiffre adopté pour l'intonation, il suffira donc que *deux* lignes apprennent à tous, que les sept premiers chiffres, que tout le monde connaît, étant pris comme écriture musicale, se nomment, dans ce cas spécial, non plus *un, deux, trois, quatre, cinq, six, sept;* mais bien, *ut, ré, mi, fa, sol, la* et *si.* Voilà tout, et, en dix ans, les chiffres comme *écriture musicale*, seront dix fois plus répandus, plus universels, que la portée avec ses huit siècles et demi d'existence !

Je vous le dis, Messieurs, et je ne suis pas le seul à le dire : Ce qui est advenu de l'opposition des maîtres de poste à l'établissement des chemins de fer, adviendra de celle des musiciens *opposants.* Je dis opposants, parce que déjà beaucoup d'hommes spéciaux qui ont examiné sérieusement, pensent exactement comme nous sur l'avenir de l'écriture musicale.

Arrivons maintenant, Messieurs, à votre sollicitude si pathétiquement exprimée, à l'aide des paroles de Bossuet, que vous appliquez à votre écriture. Je cite *la brochure* : « Mais admettons pour un moment »— Craignez, Messieurs, d'être bientôt forcés de l'admettre pour toujours — « que M. Chevé en vienne « à ses fins. La notation actuelle se meurt, elle est morte. La notation de « M. Chevé règne et gouverne, elle triomphe. Alors, la musique se couvre de « *ténèbres*, et ces belles partitions, d'où s'exhalent de si charmantes mélodies, « des harmonies si puissantes, *D. Giovanni, Il Matrimonio Segreto, le Nozze « di Figaro, il Barbiere, Otello, la Dame blanche, Robert le Diable, les Hugue- « nots, Guillaume Tell*, ne seront bientôt plus que des sépulcres couverts de « signes oubliés ! »

De grâce, rassurez-vous, Messieurs; vos craintes sont chimériques ! vos plaintes sont bien touchantes, il est vrai ; mais les choses n'arriveront pas tout à fait comme vous le craignez si fort : rien ne sera perdu; le *sépulcre* ne s'ouvrira que pour les *vrais morts*; et *Mozart, Cimarosa, Rossini, Boïeldieu, Meyerbeer,* n'ont rien à craindre de ce côté; bien au contraire, ils ont tout à gagner à la vulgarisation de la lecture musicale.

C'est toujours l'histoire des chemins de fer; loin que le nombre des voyageurs ait diminué depuis le remplacement des diligences par les wagons; loin que les pays autrefois fréquentés par les touristes soient devenus déserts, le nombre des voyageurs va toujours croissant, et l'affluence est centuplée partout où il y a profit ou plaisir au terme du voyage. Voyez les trains de plaisir ! On vient d'Angers, au Théâtre-Lyrique, entendre un opéra de Mozart.

En musique, il en sera de même, quand la lecture musicale sera partout généralisée. Aujourd'hui tous ces chefs-d'œuvre dont vous parlez ne sont, pour ainsi dire, connus et surtout *lus* que d'un petit nombre de privilégiés, que leur position de fortune, d'éducation ou d'habitation dans une grande ville mettent à même d'en profiter. Mais prenez la masse des 36,000,000 de Français, et dites-moi combien sur ce nombre savent lire ces partitions précieuses; et même combien les ont entendues? Et cependant, chacun a bien le droit de les connaître, ces chefs d'œuvre, comme il connaît nos grands classiques; et si vos moyens d'instruction ne peuvent pas conduire à ce point tous les malheureux déshérités, pourquoi voulez-vous empêcher qu'on en essaye d'autres dont l'expérience démontre chaque jour l'efficacité? Est-ce juste, est-ce raisonnable ce que vous faites-là ?

Je le répète : Si le chiffre — qui n'est qu'une partie de la méthode — peut rendre facilement lecteurs tous les enfants de toutes les écoles ; et que, grâce à lui, l'imprimerie puisse faire entrer, *pour quelques sous*, tous ces admirables chefs-d'œuvre jusque dans les chaumières les plus reculées, croyez-vous donc qu'il faille tant le mépriser et qu'il mérite le nom d'instrument de sépulcre? Oui, grâce au chiffre, tout ce qui est vraiment chef-d'œuvre, et même tout ce qui contiendra quelque chose de bon, sera un jour répandu partout, comme La Fontaine et tous nos grands écrivains populaires... Et ces chefs-d'œuvre, qui comptent à peine aujourd'hui quelques milliers d'exemplaires, attendu que très-peu de gens peuvent les lire et les acheter, seront édités par centaines de mille, parce que tout le monde saura les lire et que presque tout le monde pourra les acheter. C'est la lumière, c'est la vie que le chiffre va porter dans la musique, bien loin d'y apporter les ténèbres et la mort...

Voyez ce que huit siècles et demi ont produit de lecteurs, avec votre écriture tant vantée !

Voulez-vous mettre les choses au pis?... Admettons, contre toute vraisemblance, que l'avenir ne veuille pas du chiffre pour l'instrument, et qu'il ne l'emploie que pour la musique vocale; rien n'empêchera ceux qui voudront étudier un instrument d'apprendre l'écriture usuelle, comme on le fait aujourd'hui ; mais ils le feront avec beaucoup moins de peine, parce qu'ils n'arriveront à l'étude instrumentale que déjà bons musiciens. Au moins, tout le monde pourra ainsi arriver à lire les chefs-d'œuvre qui sont aujourd'hui lettre close pour neuf cent quatre-vingt-dix-neuf Français sur mille.

Que les instrumentistes futurs gardent donc la portée, si telle est leur volonté ; mais qu'ils veuillent bien permettre à tous les déshérités qui ne peuvent ni ne veulent devenir instrumentistes, d'utiliser l'admirable instrument que Dieu leur a donné, et qu'ils les laissent écrire la musique vocale, *la musique universelle, la musique de tout le monde*, de telle façon que l'écriture ne soit plus une entrave, et que le champ de la science et de l'art, au lieu d'être, comme aujourd'hui, le privilége de quelques initiés, soit largement ouvert à tous, soit accessible à tous, pauvres et riches, puisque tous possèdent le larynx et l'oreille... et une grande chose aura été faite!

RÉSUMÉ

Que le lecteur me permette de résumer la question telle qu'elle est posée dans la brochure de mes illustres adversaires et dans la réponse que j'ai l'honneur de leur faire.

Les idées de **J.-J.** Rousseau et de Galin n'ayant été adoptées par aucun homme spécial, **M.** Aimé Paris, Mme Émile Chevé et moi, nous avons eu foi en ces idées et nous leur avons, depuis plus de vingt ans, consacré notre vie tout entière.

Multipliant chaque jour et partout les cours et les expériences, nous avons, de plus, combattu dans nos publications ce que nous croyons être l'erreur, et soutenu ce que nous croyons être la vérité.

Les progrès très-grands accomplis récemment dans l'opinion publique, ont porté les défenseurs de la science officielle à se liguer contre notre école, qui, depuis quelque temps, s'est trouvée en butte à des attaques de toute nature.

Une brochure, revêtue de vingt et un noms considérables, a paru en février dernier, et devait, au dire de plusieurs, anéantir l'École avec ses chefs... Pour atteindre ce but, parfaitement avoué, qu'ont fait nos illustres adversaires?

1° Au lieu de *prouver* que leur science — attaquée par nous — est bien l'expression des faits, qu'elle est vraie et qu'elle conduit à une pratique rationnelle, *ils affirment* que leur science est parfaite.

2° Au lieu de *prouver* que la science nouvelle que nous proposons n'est pas l'expression des faits, qu'elle est fausse et qu'elle n'a aucune influence utile sur la pratique, *ils affirment* que notre science est fausse,

3° *Nous prouvons*, par des *exemples comparatifs*, que l'écriture et la langue musicales usuelles, éminemment vicieuses, sont un empêchement pour le plus grand nombre; et que l'écriture et la langue musicales de notre École, éminemment logiques, conduisent le plus grand nombre à un succès certain... Ces Messieurs, contre l'évidence des faits, *déclarent* que leur écriture et leur langue sont parfaites, et que l'écriture et la langue de Galin sont très-mauvaises.

4° Sur le témoignage de milliers de personnes et d'un très-grand nombre de professeurs de l'ancienne école, nous déclarons bons et nous proposons des exercices pratiques, dont la puissance est immense, comparée à celle des exercices pratiques usités dans l'école ancienne... Nos adversaires *affirment* que leurs exercices sont excellents et que les nôtres sont puérils.

5° Dans toutes les écoles : écoles élémentaires, écoles secondaires, écoles supérieures, on se plaint de n'avoir pas de lecteurs pouvant lire un chœur à première vue ; cet état d'ignorance, au point de vue de la lecture musicale, est un fait de notoriété publique... Eh bien ! ces Messieurs *affirment* que partout on lit : à l'Orphéon, à l'école communale, à la salle d'asile !...

6° Dans l'espoir de nous tuer moralement — et après une lutte incessante de plus de vingt ans, où nous avons toujours combattu à découvert contre des adversaires cachés, — ces Messieurs réunissent en faisceau toutes les paroles que nous ont arrachées la colère et l'indignation, et nous les reprochent, en taisant avec soin toutes les causes qui, les ayant provoquées, les expliquent et les justifient.

7° Tout ce que nous avons écrit à l'adresse de l'écriture musicale, des grammaires et des grammairiens, on ne craint pas — contre toute justice et toute vérité — de nous le faire adresser à Hændel, Bach, Mozart, Beethoven, Rossini.... dont nous n'avons jamais parlé qu'avec l'admiration qu'ils méritent.

8° En tronquant les textes que l'on cite de moi, on me fait dire tout autre chose que ce que j'ai écrit, et l'on en profite pour me lancer les sarcasmes les plus amers et les moins mérités !

9° On passe sous silence des expériences faites par centaines, et l'on ne tient aucun compte du jugement des hommes spéciaux qui — quoique nos ennemis naturels — nous ont donné leur approbation pleine et entière, après examen sérieux.

10° Au lieu de réfuter sérieusement une théorie assez forte pour vous avoir contraints de vous réunir tous contre moi, vous faites une brochure qui ne contient pas un mot de science, qui n'est qu'un sarcasme d'un bout à l'autre, et qui ne peut, malgré son affectation d'urbanité, dissimuler la malveillance qui y règne de la première à la dernière ligne.

11° Ce qui est écrit et signé par d'autres, on le met à mon compte et on me le reproche.

12° Les choses les plus fausses on les affirme ; les faits les plus authentiques on les nie.

13° Enfin, dans une question si grave, puisqu'il s'agit de rendre la *lecture musicale un fait aussi général que l'est celui de la lecture de la langue maternelle,* ces Messieurs se contentent de *juger sur pièces,* en refusant *absolument de voir à l'œuvre l'instrument nouveau qu'ils condamnent, sans le connaître ;* et j'ai le droit de dire : sans le connaître, puisqu'ils ne l'ont point vu à l'œuvre...

Ces Messieurs ont commis un anachronisme : Aujourd'hui, la parole d'honneur n'est plus suffisante dans les questions scientifiques ; il faut des *faits prouvés* et des *déductions rigoureuses.*

Les faits ?... Ils sont de notre côté. Partout on lit chez nous.

Les déductions ?... Que le lecteur compare les deux brochures !

ÉMILE CHEVÉ.

30 Mars 1860.

UNE NOTE DE M. HALÉVY

—

SIMPLE RÉPONSE

—

M. Halévy a cru devoir faire suivre la brochure de mes vingt et un illustres adversaires, d'une NOTE pour combattre *trois histoires* racontées, dit-il, par M. Chevé, dans *le Dernier mot de la science officielle*, publié en 1858.

Ces trois *histoires* sont relatives :

1° A une commission musicale, nommée en 1855, par S. E. M. Fortoul, ministre de l'Instruction publique ;

2° A l'Exposition universelle de 1855.

3° Au Concours de Paris, du 12 juin 1853 ;

Qu'il me soit permis de répondre à M. le secrétaire perpétuel de l'Académie des Beaux-Arts.

PREMIÈRE HISTOIRE. — COMMISSION FORTOUL.

En avril 1858, j'ai imprimé la note suivante, à la page 15 et à la page 16 du *Dernier mot de la Science officielle*, « un de ces livres, » dit la *brochure* « auxquels on ne répond pas... » et pour cause... je cite mon texte *complet* :

« Au commencement de juillet 1855, j'appris, par hasard, car le *Moniteur* n'en avait pas parlé, que M. Fortoul, ministre de l'Instruction publique, venait de créer une commission spécialement chargée d'étudier la question de l'enseignement musical, pour les établissements de l'Université. Cette commission, présidée par M. F. Ravaisson, inspecteur-général de l'Université et membre de l'Institut, était ainsi composée :

MM. F. RAVAISSON, membre de l'Institut, Président.
PILLET, chef de division au ministère de l'Instruction publique.
DUNOYER,   id.   id.
Prince de la MOSKOWA.
NIEDERMEYER, directeur de l'École religieuse.
GOUNOD, directeur de l'Orphéon.
HALÉVY, membre de l'Institut.
DIETSCH, maître de chapelle de la Madeleine.
DELSARTE.
RÉBER, membre de l'Institut.
D'ORTIGUES.
DELAPORTE.
DESPRETZ, membre de l'Institut.

« J'adressai aussitôt à M. le ministre la prière de faire examiner nos résultats pratiques par la commission. Cette demande me fut immédiatement accordée ; et, par l'ordre du ministre, je fus mis en rapport avec M. Ravaisson, président de la commission.

« Le 15 juillet devait avoir lieu, à l'École-de-Médecine, notre séance mensuelle ; M. le président de la commission, M. le prince de la Moskowa et M. Niedermeyer désirèrent y assister comme simples curieux. — Entre autres exercices mes élèves lurent à première vue trois chœurs apportés par M. le prince de la Moskowa. — Au milieu de la séance, M. Ravaisson se leva et me demanda « si nous ne voudrions « pas faire une semblable séance le dimanche suivant, 22 juillet, son intention « étant d'y convoquer officiellement la commission ministérielle qu'il présidait ? » Je transmis immédiatement sa demande à mes élèves qui répondirent avec enthousiasme : Oui!

« Le dimanche suivant, 22, à une heure, nous étions à notre poste ; et — avec l'autorisation de M. le président, — 600 personnes garnissaient les gradins de l'amphithéâtre. Les membres de la commission prirent place dans l'hémicycle. Tous étaient présents, excepté M. *Halévy*, qui n'avait jamais vu nos exercices, et MM. le prince de la Moskowa et Réber qui les connaissaient.

« La séance dura deux heures et un quart. — Les exercices furent ainsi distribués :

2 *Chœurs.* — *Lire à première vue ; exposition théorique.*
2 *Chœurs.* — *Exercices d'intonation ; modulations ; lecture sur toutes les clés.*
1 *Chœur.* — *Écriture sous la dictée.*
2 *Chœurs.*

« Pendant toute la durée de la séance, M. Gounod, qui était près de M. Ravaisson, ne cessa de témoigner son contentement et de faire remarquer à M. le président, la netteté, la sûreté et la justesse de nos exercices. La séance terminée, il vint me féliciter et me charger, *devant tout le monde*, de dire à mes élèves combien il avait été satisfait de tout ce qu'il venait d'entendre. La commission tout entière parut aussi fort satisfaite, et me dit, par l'organe de son président, qu'elle me demanderait d'autres séances. J'entendis dire aussi, que, désormais, on ne s'arrêterait au choix d'une méthode qu'après comparaison sérieuse : je n'en demandai pas davantage. Mais la commission ne revint plus et je n'en entendis plus parler.

« Huit jours après la séance, j'appris que la gravure du livre de M. Halévy, que l'on pressait beaucoup auparavant, venait d'être suspendue.

« M. le président nous témoigna le désir d'être initié à nos moyens d'enseignement, pour pouvoir les juger en connaissance de cause : nous nous mîmes à sa disposition pour telles expériences qu'il voudrait. Et je dois dire ici à l'honneur de M. Ravaisson, membre de l'Institut et inspecteur-général de l'Université, qu'il ne craignit pas de redevenir écolier, pour faire l'expérience sur lui-même, et connaître ainsi, à fond, un instrument qui pouvait, d'un jour à l'autre, être mis à la disposition de toute la jeunesse de notre pays... Quelle leçon pour M. Halévy ! M. Ravaisson prit, en cinq mois, une soixantaine de leçons, de Madame Chevé, avec une conscience bien admirable dans sa haute position scientifique. — Pendant ce temps, et pour pouvoir juger la méthode à un autre point de vue, il faisait suivre mon cours à son jeune enfant. — Que M. Halévy prenne la peine de demander à M. Ravaisson ce qu'il pense de nos moyens d'enseignement comparés à ceux des conservatoires.

« A quelque temps de là, je rencontrai M. Ravaisson qui me dit : « Je suis con-« vaincu ; j'ai fait mon rapport au ministre et *je demande que votre méthode soit* « *essayée dans nos écoles, en même temps que celle de M. Danel, de Lille.* »

« Depuis lors, je n'ai plus entendu parler de cette affaire. »

Dans le texte de la page 16, se trouvent encore ces trois lignes écrites par moi :

« Comme membre de la *Commission Fortoul*, M. Halévy n'a pas assisté à la « séance officielle demandée par le président de la Commission, et il est le seul qui « ne l'ait pas fait, je veux dire qui n'ait pas vu nos résultats. »

— Voilà ce que j'ai écrit relativement à cette Commission, voilà ce dont j'ai accusé M. Halévy : *n'être pas venu à la séance officielle demandée par la Commission.*

Pour répondre à ce reproche, M. Halévy cite plusieurs passages de la note qu'on vient de lire, supprime ceux qui ne lui ont pas convenu, puis il fait un historique de deux séances de la Commission, dont je n'avais eu nulle connaissance. Je néglige tout ce qui n'a pas trait à la question principale et j'extrais le passage suivant de la défense de M. Halévy :

« La commission fut convoquée une seconde fois. M. Dunoyer et moi rendîmes compte du résultat de nos conférences, et je présentai le petit projet d'études qui parut acceptable. Il ne s'agissait, bien entendu, que de musique d'ensemble, de chant choral. M. Ravaisson consulta la commission sur le choix de la méthode à employer. Plusieurs ouvrages furent indiqués. Quelques-uns de mes collègues eurent la bonté de parler du travail qui m'avait été demandé. Il ne me fut pas difficile de couper court à cette proposition ; je dis que mon travail était fort peu avancé, que je ne pouvais prévoir l'époque où il serait terminé, qu'il n'y avait donc, en aucune façon, lieu de s'en occuper. Et, en effet, ce travail ne fut achevé que deux ans après, en 1857.

« M. Ravaisson proposa alors la méthode de M. CHEVÉ, et je dois dire que cette ouverture, qui excita quelque surprise, ne parut pas rencontrer d'approbateurs parmi les membres présents.

« Je dis que je connaissais le livre de M. CHEVÉ, qu'il m'était impossible d'en approuver le principe et les déductions. Je demandai à M. Ravaisson et à mes collègues s'il leur semblait convenable que l'Université, directrice suprême de l'instruction publique, couvrît de sa haute approbation un système de pure fantaisie, qui ne trouvait d'autre moyen, pour combattre l'enseignement général de la musique, que de le travestir ridiculement et de lui prêter d'*immenses absurdités*. L'Université, en appelant M. le docteur CHEVÉ, déclarerait donc qu'elle tient pour vraies ses affirmations inconcevables, sanctionnerait donc ses divagations ? Elle flétrirait donc, sur le dire de M. CHEVÉ, l'enseignement qu'il nomme *officiel*, c'est-à-dire l'enseignement donné, au nom de l'État, par des hommes honorables ? Cet enseignement, d'ailleurs, est conforme à celui qui est pratiqué en Allemagne, en Italie, dans toute l'Europe. M. le docteur CHEVÉ part toujours de ce principe, qui lui appartient : que la notation usuelle est monstrueuse, imbécile, illisible, abrutissante. Mais, en vérité, tout le monde sait que cette notation est lue dans le monde entier, qui n'est pas abruti pour cela. A qui persuadera-t-on que la jeunesse française, douée d'un esprit si vif, si prompt, si pénétrant, a absolument besoin, pour apprendre à lire la musique, que lisent les enfants dans tous les pays, de passer sous la notation de M. CHEVÉ ? C'est porter une grave atteinte à la bonne et légitime renommée de cette jeunesse si intelligente. J'ajoutai que, ne voulant être un obstacle à rien, je m'abstiendrais désormais, et je priai M. le président de trouver bon que je ne prisse plus part aux travaux de la commission.

« Mes collègues présents, me parurent approuver mes paroles, et je restai fidèle à mon principe d'abstention. J'ai appris depuis que la commission n'avait plus été convoquée, si ce n'est pour assister à une séance de M. CHEVÉ. »

Eh bien ! lecteur, ai-je dit vrai ? ai-je exagéré quoi que ce soit ? bien au contraire ; car je n'ai accusé M. Halévy que de n'être pas venu à la séance officielle demandée par M. le président de la commission ; et, non-seulement M. Halévy déclare qu'il n'est pas venu ; mais que c'est bien volontairement qu'il n'est pas venu ; et, de plus, il nous apprend deux choses que j'ignorais complétement :

1° L'attaque incroyable et si peu mesurée faite contre moi, absent, par M. Halévy, dans le sein de la commission...

2° La retraite volontaire de M. Halévy, parce que l'on proposait l'examen, par la commission, de la méthode qu'il repoussait sans la connaître...

— Merci, M. Halévy, d'avoir bien voulu nous faire ces deux aveux précieux.

Ainsi, dans le sein de la commission, vous n'avez pas craint de donner un libre cours à vos vieilles rancunes contre un absent qui ne pouvait pas se défendre ; contre un *docteur noir* et *sa police* (1) ?

Ainsi, parce que l'on contrarie vos sympathies, vous quittez votre siège de juge !

— Je vous le demande, Monsieur, est-ce là la conduite d'un juge ? Est-ce là le devoir de l'homme sur qui repose la confiance de l'administration ? Comment ! parce que les *antipathies*, — disons les *convictions*, si vous le voulez, — de M. Halévy, se trouvent contrariées par une proposition d'examen, M. Halévy renonce à ses fonctions de juge ; il quitte la brèche, au lieu d'y rester, pour soutenir loyalement son opinion et la faire triompher, si elle était la meilleure, ou pour en changer, si on lui démontrait son erreur !... Est-ce là ce que lui commandait le devoir ?... Je pose la question à tous les hommes de raison qui nous feront l'honneur de nous lire tous deux : j'accepte leur jugement.

En attendant, je constate que je me suis tenu dans la stricte vérité, en écrivant que : « Comme membre de la *commission Fortoul*, M. Halévy n'a pas assisté à la « séance officielle demandée par M. le président de la commission, et qu'il est le « seul qui ne l'ait pas fait, je veux dire qui n'ait pas vu nos résultats. »

Je n'ai pas dit autre chose, et M. Halévy en convient.

DEUXIÈME HISTOIRE. — EXPOSITION UNIVERSELLE.

A propos de l'Exposition universelle, *le Dernier mot de la science officielle* contient une note de cinq pages, dans laquelle je fais l'historique de *la méthode à l'Exposition universelle*, et où je me plains, de la manière suivante, du déni de justice qui nous a été fait, puisque le jury n'a pas examiné notre vitrine :

« Toujours est-il que *les travaux de l'École, après avoir été officiellement admis* « *à l'Exposition universelle*, N'ONT PAS ÉTÉ EXAMINÉS PAR LE JURY, « malgré la convocation qui m'a été adressée par le commissaire-général et malgré « mes réclamations réitérées. Est-ce encore là de la justice ? Non ! Et le jury avait-il « le droit de ne pas juger ? Non, évidemment non !... »

Plus loin, j'ai écrit les lignes suivantes : « Et tout cela n'a pas suffi pour rappeler « au jury musical (dont faisaient partie deux de nos ennemis scientifiques, MM. Ha- « lévy et Fétis), que nous étions exposants, que nous étions dans le droit commun, « et que, par DEVOIR, il devait examiner nos travaux, comme il avait examiné le « joujou de M. Mercadier et le tableau de mesures de M. Lahausse, puisqu'il leur « a décerné des médailles. Mais rien n'a pu décider ces Messieurs à venir visiter

---

(1) Je suis un *docteur noir*, j'ai une *police*, et M. Halévy trouve que soixante mille leçons, à trois par semaines, donnent quarante ans. (Voir la NOTE de M. Halévy, dans la brochure.)

1° Je n'ai jamais exercé aucune fonction illégalement... Je vous renvoie votre injure.

2° Je n'ai point de *police* ; mais j'ai, dans Paris, vingt mille amis qui sont un peu partout et qui m'apprennent spontanément tout ce qui se fait, relativement à l'enseignement musical, sans que je leur aie jamais rien demandé.

3° M. Halévy fait un superbe calcul, pour comparer l'aptitude musicale d'un savant avec celle d'un enfant, et il trouve que soixante heures d'un savant, équivalent, pour apprendre la musique (qu'on n'apprend ordinairement que dans l'enfance), à soixante mille heures d'un enfant ; puis il calcule que soixante mille heures, à trois par semaine, donnent à peu près quarante ans. — Je suis obligé de faire observer à M. le secrétaire perpétuel de l'Académie des Beaux-Arts, que l'année contenant cinquante-deux semaines, trois leçons par semaine donnent cent cinquante-six leçons par an : soit cent cinquante en nombre rond. Or, soixante mille, divisé par cent cinquante, donnent pour quotient quatre cents. C'est donc une erreur de trois cent soixante ans que commet M. Halévy, et, d'après son évaluation, il ne faudrait à un enfant que quatre cents ans pour apprendre la musique par la méthode Chevé...

Je m'incline...

« ma vitrine. Comment expliquer un pareil fait, si ce n'est par un refus de parti pris
« d'examiner. Et de qui pouvait venir ce refus, dans les conditions où nous nous
« trouvions, si ce n'est des hommes qui, depuis quinze ans, ou plus, s'étaient posés
« en adversaires quand même de l'idée nouvelle et contre lesquels nous avions jus-
« tement et pleinement usé du plus imprescriptible de tous les droits : *du droit de
« légitime défense.* »

Enfin, notre texte, contient encore la phrase suivante : « M. Halévy faisait partie
« du jury de l'Exposition universelle de 1855. En sa qualité de *juge*, M. Halévy
« était tenu d'examiner tous les travaux admis à l'Exposition ; les nôtres figuraient
« à ce grand concours international. Eh bien ! M. Halévy, qui a eu le temps d'exa-
« miner les vétilles exposées par M. Mercadier et par M. Lahausse, puisqu'on leur
« a décerné des médailles, — *n'a pas pu ou n'a pas voulu* — examiner les immenses
« travaux qui remplissaient notre vitrine. »

A cela, M. Halévy répond : « Les travaux de M. CHEVÉ étaient du ressort de la
huitième classe : *arts de précision, industries se rattachant aux sciences et à l'enseignement ;* et M. Halévy n'avait pas l'honneur de faire partie du jury de la huitième
classe. Il appartenait à la vingt-septième classe : *fabrication des instruments de
musique*, et il avait l'honneur d'en être le vice-président. M. Helmesberger, membre
étranger, en était le président. »

Ici, tout en affirmant un fait vrai : *nos travaux n'ont pas été examinés par le jury
de l'Exposition universelle*, j'aurais fait, d'après M. Halévy, une fausse attribution,
en faisant remonter au jury de la vingt-septième classe une responsabilité qui incom-
berait tout entière à celui de la huitième... Si le fait est vrai, je n'ai qu'à en convenir.
Toutefois, si j'ai commis cette erreur d'attribution, je veux montrer au lecteur que
j'y ai été considérablement poussé par l'administration elle-même. Voici les faits :

Depuis l'ouverture de l'Exposition, je n'avais pas encore entendu parler d'examen
de nos produits, lorsque le 14 septembre je reçus la convocation suivante :

« Commission impériale de l'Exposition   « Paris, 14 septembre 1855.
« Universelle — Commissariat général, Palais   « A M. Chevé, 18, rue des Marais-Saint-
« de l'Industrie — Champs-Elysées.   « Germain.

               « Monsieur,

« Messieurs les membres du jury devront examiner votre méthode de musique
« *demain*, 15 septembre, à *midi précis;* je viens vous prier de vouloir bien vous
« trouver à cette heure au Palais de l'Industrie.

« Recevez, Monsieur, l'assurance de ma considération distinguée.

                                « HÉRITIER. »

Cette lettre nous combla de joie. Le moment paraissait enfin arrivé de voir nos
travaux examinés *sérieusement, nous présents.*

Le lendemain, *avant l'heure fixée*, j'étais au rendez-vous. *La journée entière se
passa sans qu'il vint un seul des membres du jury.* — Je me rendis au secrétariat
pour savoir s'il n'y avait pas eu erreur dans la fixation *du jour* ou *de l'heure* où le
jury devait venir examiner ma vitrine. — *Il n'y avait pas d'erreur !* — On me dit :
Ces Messieurs n'auront sans doute pas eu le temps de tout voir aujourd'hui ; revenez
demain : *il ne vint personne !* Je revins le 17, je revins le 18, je revins le 19. —
Personne ! « *Je n'ai vu personne*, » me disait chaque jour le gardien de notre carré.
J'écrivis alors à M. Helmesberger, président de la section du jury qui devait examiner nos travaux, la lettre suivante que je déposai moi-même au lieu de réunion du
jury :

« Paris, 19 septembre 1855.

« M. le Président,

« J'ai reçu du commissariat général l'avis de me rendre le samedi, 15 septembre
« à midi, à l'exposition, le jury devant venir à cette heure examiner notre méthode
« de musique. — Je me suis rendu à ma vitrine et j'ai attendu toute la journée du
« 15; j'en ai fait autant les jours suivants. — N'ayant vu personne, j'en ai donné
« avis à M. le secrétaire général qui m'a engagé à vous écrire pour vous demander
« quand je dois, de nouveau, me présenter à l'exposition. — Je profite de l'occasion
« qui m'est offerte, pour joindre à ce pli une réclamation de priorité d'invention
« qu'un de mes élèves m'a contraint de faire.

« Agréez, M. le président, l'expression de mes sentiments les plus distingués. »

« ÉMILE CHEVÉ. »

Cette lettre ne reçut point de réponse, et le jour de la distribution des récompenses
arriva *sans que le jury eût examiné nos travaux!*

Ne recevant pas de réponse du président du jury, je fus de nouveau porter ma
réclamation devant M. le secrétaire général, avec lequel j'avais eu beaucoup de rapports pendant l'exposition, comme on le verra tout à l'heure. M. le secrétaire général
voulut bien se charger de ma réclamation; puis, à quelques jours de là, il me dit :
« J'ai vu le président de la commission et lui ai transmis votre juste réclamation ;
« voici sa réponse : « Que voulez-vous que j'y fasse? je trouve à l'endroit de
« M. CHEVÉ tant de mauvais vouloir, que je ne puis parvenir à faire examiner ses
« travaux. « — Que voulez-vous, ajouta à son tour M. le secrétaire; nous ne pou-
« vons contraindre ces messieurs. » — Qui donc, dans la commission pouvait
avoir un tel intérêt à ce qu'on n'examinât pas ma vitrine?

Toujours est-il que *les travaux de l'École, après avoir été officiellement admis à
l'Exposition universelle,* N'ONT POINT ÉTÉ EXAMINÉS PAR LE JURY, malgré la convocation qui m'a été adressée par le commissair egénéral, et malgré mes
réclamations réitérées. Est-ce encore là de la justice? Non! Et le jury avait-il le droit
de ne pas juger? Non, évidemment non.

Mais voici quelques faits qui rendent la conduite du jury plus inexplicable encore,
si la chose est possible.

M. le secrétaire général avait eu occasion d'entendre nos chœurs à l'École-de-
Médecine. Frappé de l'effet qu'ils produisaient, il pensa faire une chose agréable à
tous les membres du jury international et à tous les personnages éminents qui assis-
taient aux soirées du Palais de l'Industrie, en leur faisant entendre quelques beaux
chœurs de temps en temps. Il nous demanda donc si nous voulions bien venir chanter
quelquefois, le soir, au Palais de l'Industrie, devant tous ces étrangers illustres.
Nous acceptâmes avec empressement cette offre flatteuse pour nous, et nous com-
mençâmes le 27 juillet. L'effet produit par les huit chœurs que nous chantâmes fut
tel que l'administration nous convia de nouveau, le 3 août, le 16 août, le 20 août et le
24 août. Nous avons ainsi chanté trente-cinq chœurs en cinq fois. Voici quelques
détails.

A la première séance, le 27 juillet, après le premier morceau, un jeune homme,
qui me parut avoir une trentaine d'années, vint me féliciter vivement : C'était un
étranger.

Après le deuxième morceau, le même jeune homme revint, et, cette fois, il me
prit la main, qu'il me serra fort cordialement. Enfin, après le troisième morceau, il
vint, plus enthousiasmé encore que les deux premières fois, et me remit sa carte en
me disant : « Mon témoignage ne doit pas être suspect, Monsieur, car *je suis direc-
« teur du Conservatoire de Vienne,* et l'on m'a fait l'honneur de me nommer *pré-
« sident de la section de musique du jury de l'Exposition universelle.* Je me nomme

« *Helmesberger.* Venez me voir, je désire vivement connaître vos moyens d'ensei-
« gnement. » La carte de M. Helmesberger ne portait pas d'adresse ; je le demandai
plusieurs fois à son bureau ; je ne l'y rencontrai jamais et l'on me dit qu'*il était
défendu de donner les adresses des membres du jury.* — C'est ce même M. Helmesberger qui a fait à M. le secrétaire général la réponse que j'ai rapportée plus haut.

S'il y avait de ma part erreur d'attribution de jury, comment se fait-il que
M. Helmesberger, qui me connaissait, ne m'en ait pas donné avis ?...

Comment se fait-il que M. le secrétaire général, qui avait pris la peine de se déranger
pour porter ma réclamation, ne m'ait pas prévenu que je me trompais de jury ?
Comment se fait-il que les bureaux ne m'en aient rien dit ?

Comment se fait-il, enfin, que M. Helmesberger, auquel on avait soumis les
travaux de M. Lahausse, de la huitième classe comme moi, n'ait pas simplement
répondu à M. Arlès Dufour : M. Chevé appartient à la huitième classe et je préside
la vingt-septième ; je n'ai pas à m'occuper de lui ; non, au lieu de cette réponse
qui coupait court à tout, et la seule qu'il dût faire, M. Helmesberger fait l'aveu
compromettant suivant, que M. le secrétaire général m'a rapporté mot pour mot :

« Que voulez-vous que j'y fasse ? je trouve à l'endroit de M. Chevé tant de mau-
« vais vouloir, que je ne puis parvenir à faire examiner ses travaux. » Or, en parlant ainsi, M. Helmesberger ne pouvait faire allusion au jury de la huitième classe,
dont il ne faisait pas partie, mais à celui de la vingt-septième qu'il présidait. C'était
donc aux ennemis que j'y avais, que je devais attribuer ce refus.

Le fait que j'ai avancé est donc vrai ; le jury de l'Exposition universelle *a refusé
de juger nos travaux ;* et si je me suis vraiment trompé d'attribution pour les jurys
spéciaux, il faut avouer : d'abord que les bureaux, puis que M. le secrétaire-général,
enfin que M. le président de la vingt-septième section, n'ont pas peu contribué à
m'entretenir dans cette erreur.

TROISIÈME HISTOIRE. — CONCOURS DE PARIS

DU 12 JUIN 1853.

> « *Le jury a cru devoir faire précéder d'un histo-
> rique fidèle la publication de son verdict, son inten-
> tion étant de mettre par là le public et tous les inté-
> ressés quelconques à même d'en user pour les plus
> grands avantages de la vérité et de l'art.* »
> (Procès-verbal du concours.)

J'emprunte les lignes suivantes au procès-verbal du concours de 1853, procès-
verbal signé par les membres du jury :

« Au mois de novembre 1852, M. ÉMILE CHEVÉ se présenta chez un certain
nombre de compositeurs, de membres de l'Institut, d'artistes, de professeurs du
Conservatoire ou autres, et leur soumit, individuellement, un projet de programme
qui pouvait servir au progrès d'un concours national et international, entre les diverses sociétés et les différentes écoles de musique chorale.

« M. ÉMILE CHEVÉ offrait une médaille honorifique d'une valeur de *cinq cents
francs*, qui devait être décernée, par un jury spécial, au concurrent qui remplirait
le mieux tous les points du programme proposé.

« M. ÉMILE CHEVÉ ayant demandé à chacune des personnes chez qui il se présenta, si elles voulaient remplir la fonction de juré dans ce concours ; toutes ac-
ceptèrent d'abord avec empressement, trois exceptées : MM. HALÉVY, de l'Institut,

Gounod, directeur de l'Orphéon (1), et Henry Duvernoy, professeur au Conservatoire. »

Dans *le Dernier mot de la science officielle*, publié par moi en 1858, à propos des *Leçons de lecture musicale* de M. Halévy, j'ai parlé du refus de M. Halévy de faire partie du jury du concours de 1853. Voici le paragraphe qui rend compte de ce refus ; je le transcris intégralement, en rétablissant les *textes supprimés* par mon illustre adversaire et en guillemettant les passages importants qu'il a cru devoir supprimer, je cite :

« Dans les premiers jours de novembre 1852, au moment où M. Halévy allait être chargé par la commission du chant d'écrire un livre élémentaire pour les écoles publiques, j'eus l'honneur de me présenter chez lui (2) pour lui offrir la fonction de juré dans le concours qui devait avoir lieu, *à Paris, le 12 juin 1853*, concours dans lequel l'École nouvelle appelait en champ clos toutes les écoles de musique, sans distinction de méthode ou de pays : orphéons, conservatoires, etc., «pour concourir « devant un jury *pris exclusivement dans l'ancienne école* et dont faisaient déjà « partie MM. Berlioz, Réber, Meyerbeer, Félicien David, Elwart, Delsarte, Adam, « Ambroise Thomas, Émile Prudent, Lefébure-Wély, Bazin, Offenbach, etc., etc. « Le concours devait porter sur les points suivants : *exécution, lecture à première « vue, écriture sous la dictée, et transposition de la dictée sur toutes les clés et dans « tous les tons.* » Certes, dans la position toute spéciale de M. Halévy, qui avait eu le malheur de condamner notre livre sans le connaître, et qui était alors chargé officiellement d'en faire un sur le même sujet, ce concours devait lui offrir un très-haut intérêt ; « et si sa justice ne le portait pas à réviser lui-même son propre ju-« gement, *pour le maintenir ou le casser selon le cas,* » la prudence et l'intérêt personnel bien entendu, devaient le porter à examiner — *en action* — les moyens qu'il avait repoussés en théorie « et qu'il allait être chargé de combattre dans son livre. » Eh bien ! ici encore M. Halévy n'a voulu rien voir, rien examiner. Voici ce qui s'est passé :

« Je me présentai chez M. Halévy avec la liste des personnes qui avaient déjà accepté les fonctions de jurés ; quand je lui eus exposé le but et le programme du concours, au lieu de me répondre *oui* ou *non*, il me demanda *quelques jours de réflexion*, pour savoir s'il pouvait ou non faire partie du jury. — Il me pria de revenir le lundi suivant, 8 novembre (1852).

« Le 8 novembre, à l'heure fixée, je me présentai chez M. Halévy, que je trouvai donnant une leçon et qui parut fort étonné et fort contrarié de mon arrivée. Cela m'étonna, puisque c'était un rendez-vous convenu et que j'étais à l'heure exacte.

---

(1) « Voici la lettre dans laquelle M. Gounod motiva son refus :

« Paris, 6 décembre 1852.

« A M. Émile Chevé.

« Je reçois, par l'organe de M. le président de la Commission de surveillance du chant, *l'in-« terdiction formelle* de faire partie du Jury dont vous m'avez parlé. Veuillez donc ne pas « compter sur ma présence et me croire, néanmoins, votre tout dévoué.

« Ch. Gounod. »

(2) « La même démarche avait été faite par moi, près des autres membres de la Commission du chant qui avaient, comme M. Halévy, condamné notre livre en 1850, et auxquels j'avais répondu par le *Coup de grâce*. C'étaient MM. *Adolphe Adam, Ermel, Ambroise Thomas, Clapisson, Georges Bousquet, Bazin.* — Ces Messieurs étaient donc, vis-à-vis de moi, dans la condition d'ennemis bien déclarés.

« En leur demandant d'être juges dans un concours dont je faisais partie comme concurrent, je commettais peut-être un acte d'imprudence, de folie même ; mais je rendais ainsi un hommage éclatant à la loyauté de ces Messieurs, et je leur fournissais, à mes frais, risques et périls, une occasion solennelle : 1° de maintenir — *avec connaissance de cause, cette fois,* — notre condamnation de 1850, s'ils la trouvaient juste ; ou, 2°, de réviser *eux-mêmes* leur propre jugement, s'ils acquéraient la certitude qu'ils s'étaient trompés. — Je ne pouvais faire plus pour eux.

« —Vous n'avez donc pas reçu ma lettre d'hier ? » me demanda-t-il précipitamment. — « Non, Monsieur, je n'ai rien reçu ; et je viens, selon ce qui a été convenu, vous demander si vous voulez bien accepter de faire partie du jury pour le « concours projeté ? » — « Non, » me répondit-il ; « après y avoir bien réfléchi, « j'ai vu que je ne pourrais m'engager pour cette époque, et je vous prie d'en « agréer mes regrets. Mais je n'en suivrai pas moins les phases du concours avec le « plus vif intérêt. » J'ignorais alors *que depuis trois jours* M. Halévy fût chargé de faire un livre élémentaire pour les écoles. Je quittai M. Halévy, fort surpris que l'on pût faire un pareil refus, et, en rentrant, je trouvai chez moi la lettre suivante que, selon les prévisions de M. Halévy, j'aurais dû recevoir la veille au soir :

« Paris, dimanche 7 novembre 1852.

« A Monsieur Émile Chevé.

« Je suis obligé de faire demain matin un petit voyage à la campagne, et je re-« grette mille fois de ne pouvoir avoir l'honneur de vous recevoir, *comme nous en* « *étions convenus.* Au reste, je vois, par avance, qu'il me sera impossible d'accep-« ter la proposition que vous avez bien voulu me faire, et de faire partie du jury « qui prononcera dans le concours que vous avez l'intention d'ouvrir. *Mais cela ne* « *m'empêchera pas d'en suivre avec intérêt les chances et d'en apprécier les résultats.*

« Veuillez recevoir, Monsieur, l'assurance de ma considération la plus dis-« tinguée,   « F. HALÉVY. »

« A la lecture de la lettre, je compris l'air contrarié de M. Halévy qui, par une cause que je n'ai pas à rechercher, se trouvait à Paris, donnant une leçon, alors qu'il m'écrivait de ne pas venir au rendez-vous parce qu'il serait à la campagne. — J'étais fort contrarié du refus de M. Halévy ; toutefois, en refusant de faire partie du jury, *il me promettait de suivre avec intérêt les chances du concours et d'en apprécier les résultats :* Cela me dédommageait un peu. — Mais, hélas ! la mémoire aura sans doute fait défaut à M. Halévy ; car, malgré sa promesse et malgré l'invitation spéciale à lui adressée par le jury, M. Halévy ne parut point au concours ; mais, en revanche, il assistait à la messe de l'Orphéon, que le *hasard* faisait coïncider avec le concours, et aux exercices trimestriels du Conservatoire, qu'un autre *hasard,* non moins singulier, faisait aussi rencontrer à l'heure du concours. Bref, M. Halévy ne suivit pas les phases du concours, et rien ne prouve qu'il se soit occupé d'en apprécier les résultats. »

Voilà les paroles que j'ai écrites en avril 1858 ; voici ce que répond M. Halévy, après vingt mois, en février 1860 :

« Oui, M. Halévy a eu le *malheur* de condamner le livre de M. Chevé. Mais il « sait lire, il est patient, et il a lu le livre tout entier et il *le connaissait parfaite-* « *ment* lorsqu'il a signé le rapport de M. Héquet. Et rien n'autorise M. Chevé à « écrire le contraire de ce qui est. »

Le livre condamné par le rapport dont parle M. Halévy, contient 176 pages d'exercices, dont 96 pages écrites en chiffres et 80 écrites sur la portée. Or, puisque M. Halévy connaissait parfaitement le livre de M. Chevé, il savait donc que la moitié, à peu près, de l'ouvrage, était consacrée à l'étude de l'écriture usuelle ; et cependant il n'en a pas moins signé le rapport qui déclare *que nos élèves,* s'ils veulent étudier un instrument, SERONT *obligés d'apprendre la notation usuelle !...* Qui donc a dit le contraire de ce qui est ?... ce n'est pas moi. M. Halévy continue :

« M. Halévy, comme un *grand nombre* de ses confrères, a refusé, parce qu'il con-« naissait le livre de M. Chevé, parce qu'en âme et conscience il n'approuve pas cet « enseignement, parce que son opinion était formée, et que cette opinion, il l'avait « manifestée. »

Pourquoi donc, avec une opinion si arrêtée, avoir demandé huit jours pour répondre, quand le simple mot *non* suffisait immédiatement? Le doute seul pourrait justifier une pareille demande, et M. Halévy ne doutait pas; son opinion était formée, il l'avait déjà manifestée...

M. Halévy affirme qu'il a refusé avec un *grand nombre* de ses confrères. Or, ce grand nombre se borne à MM. Duvernoy et Limnander, et encore ce double refus n'a été connu qu'à la fin de décembre, et c'est le 7 novembre, six semaines avant, que je suis allé au rendez-vous de M. Halévy, alors que personne n'avait encore refusé. C'était donc *tout seul* que M. Halévy refusait !

MM. Adolphe Adam, Ambroise Thomas, Georges Bousquet, Bazin et Ermel avaient tous accepté.

Ils ne se retirèrent que sur l'invitation qui leur en fut faite par la commission du chant, et cette détermination ne fut connue que le 19 décembre, à la première réunion du jury. — Voici un passage du *procès-verbal* de la séance du jury, du 19 décembre 1852, réuni chez M. Montal et présidé par M. Hector Berlioz, qui se rappelle sans doute la manière dont il exprima son jugement sur la retraite des membres de la commission du chant.

« ... M. Ermel vient déclarer que MM. Adolphe Adam, Ambroise Thomas, Cla-
« pisson, Georges Bousquet, F. Bazin et lui-même, qui font partie de la commission
« du chant de la ville de Paris, avaient été *invités* à s'abstenir. En conséquence, ces
« messieurs retirent la parole qu'ils avaient donnée à M. Emile Chevé, et *n'accep-*
« *tent plus* de faire partie du jury. MM. Ambroise Thomas et Georges Bousquet
« font d'ailleurs, par lettre, la déclaration qui précède... M. Ermel se retire. »

Ceci se passait le 19 *décembre*, et c'était le 7 novembre que M. Halévy refusait ! Que veut donc dire cette phrase de M. Halévy : « avec *un grand nombre* de mes
« confrères, » puisque personne n'avait encore refusé ? — Evidemment, M. Halévy n'a pas refusé avec un grand nombre de ses confrères, puisque, quand il a refusé, je le répète, il était SEUL à le faire. — Voilà la vérité.

M. Halévy continue : « Au reste, le concours qui devait offrir un si *haut intérêt*,
« n'en a offert aucun, toutes les écoles de musique, toutes les sociétés chorales, tous
« les orphéons, tous les conservatoires, appelés en champ clos, sans distinction de
« méthode ou de pays, ont fait défaut ; personne n'a répondu à l'appel de M. Chevé,
« et le champ clos ne s'est pas ouvert. Pourquoi ? nous n'en savons rien. D'où vient
« cette unanimité ? nous ne l'expliquons pas. La proposition de M. Chevé, répétée,
« maintenue à l'état d'annonce, pendant six mois, avait eu un grand retentissement
« parmi ceux qu'elle intéressait. Ce qui est certain, c'est que personne ne s'est pré-
« senté, si ce n'est M. Chevé. Mais le concours a toujours eu lieu, la société cho-
« rale de M. Chevé a concouru seule, et le jury lui a décerné la médaille. »

C'est le jury qui devrait répondre à cette attaque si peu mesurée contre lui ; mais comme il ne peut le faire ici, je vais le suppléer de mon mieux.

Je reprends, phrase par phrase, ce paragraphe insidieux :

« Au reste, le concours qui devait offrir *un haut intérêt*, n'en a offert aucun. »

Comment, Monsieur! une masse de 180 élèves (qui ne s'occupent de musique qu'à leurs rares moments de loisir), est venue, devant 1500 personnes, lire à première vue une fugue à quatre parties ; écrire sous la dictée un air d'une extrême difficulté ; transcrire cet air dans tous les tons et sur toutes les clés ; les éléments de l'expérience ont été fournis par un jury de 24 membres pris dans le camp ennemi, et par tous les compositeurs qui l'ont voulu ; les 180 élèves ont répondu victorieusement à tout ce qui leur a été demandé... Et ce fait, sans exemple dans les fastes des orphéons, des sociétés chorales, des écoles de musique et même des conservatoires, n'a pour M. Halévy aucun intérêt ! Mais, Monsieur, quand on est secrétaire perpétuel d'une section de l'Institut, on devrait s'abstenir d'écrire ainsi. On joue trop gros jeu, en le faisant. Il n'y a pas que vous, Monsieur, qui sachiez lire ; et beaucoup de ceux qui savent lire aussi, pourront bien apprécier autrement que vous ne le voudriez ce que vous écrivez. Je doute que vous trouviez beaucoup d'hommes de sens qui partagent votre dédain pour ces deux belles acquisitions : la lecture et l'écriture musicales devenues la propriété des masses... Trouvez donc, en dehors de chez nous, une masse qui puisse répondre convenablement à ce programme qui a fait et qui fait encore reculer tous vos conservatoires !...

Vous dites : « Toutes les écoles de musique, toutes les sociétés chorales, tous les « orphéons, tous les conservatoires, appelés en champ clos, sans distinction de mé- « thode ou de pays, ont fait défaut... Pourquoi ? nous n'en savons rien. D'où vient « cette unanimité ? nous ne l'expliquons pas. »

Pourquoi ? Vous demandez pourquoi, Monsieur ? Mais vous ignorez donc ce que tout le monde sait ? Vous ne savez donc pas que nulle part, en dehors de notre école, vous ne trouverez de masses lisant à première vue les morceaux d'ensemble, écrivant sous la dictée et transcrivant la même dictée, faite à cent personnes à la fois, sur toutes les clés et dans tous les tons !... Et ce qui a lieu d'étonner, c'est que vous ignoriez cela. Voulez-vous vous convaincre de la vérité de mes paroles ? Au premier concours d'orphéons que vous présiderez, au festival de Londres, si vous le voulez, portez un chœur à lire à première vue ; ajoutez-y un air à écrire sous la dictée ; priez qu'on le transcrive sur toutes les clés et dans tous les tons, et vous verrez la stupéfaction de tous vos orphéonistes. Vous comprendrez alors pourquoi personne, nous exceptés, n'a osé se présenter au concours de Paris, et d'où vient cette *unanimité* de refus, que vous nous jetez comme un sarcasme, à nous qui vous avons tous fait reculer. Nous sommes toujours prêts avec notre programme ; mais vous ne l'accepterez pas.

M. Halévy dit : « Personne n'a répondu à l'*appel de M. Chevé*... la *proposition* « *de M. Chevé*, répétée, maintenue à l'état d'annonce, pendant six mois, avait eu un « grand retentissement parmi ceux qu'elle intéressait. »

Vous n'êtes pas historien fidèle, Monsieur ; ce n'était pas l'appel de M. Chevé, vous le saviez bien, puisque vous l'aviez lu ; c'était l'appel de trente et un hommes spéciaux, tous ennemis naturels de notre méthode, tous haut placés dans l'estime publique et dont M. Halévy, moins que personne, puisqu'il les connaît tous, ne peut contester ni la compétence ni la bonne foi. Voici, lecteur, les hommes à l'appel desquels aucun orphéon, ni aucun conservatoire n'a répondu. — J'emprunte les lignes suivantes au procès-verbal du concours :

« Les soussignés, après avoir pris connaissance de la lettre ci-dessus (1), en approuvent pleinement les principes et la tendance, et acceptent la fonction de membres du jury pour le concours proposé.

« Dans le but d'assurer la régularité des opérations et de fournir, à toutes les Sociétés qui voudront entrer en lice, les renseignements et les garanties nécessaires, ils se sont constitués en commission, le dimanche 19 décembre 1852, ont nommé président, M. HECTOR BERLIOZ ; vice-président, M. HENRI RÉBER ; secrétaire, M. TAJAN-ROGÉ ; secrétaire-adjoint, M. ALLYRE BUREAU, et ont arrêté ensemble le règlement ci-après.

« ARTICLE PREMIER.

« Un concours entre les diverses Sociétés chorales de France et de l'étranger aura lieu, à Paris, le dimanche 12 juin 1853, à midi précis, dans le local choisi par le jury. Le concours sera public.

---

(1) Lettre adressée à Messieurs les artistes qui voudront bien accepter les fonctions de jurés, dans le Concours proposé par M. Émile Chevé.

« Art. 2.

« Le jury du concours est composé de :

M. Hector Berlioz, président. — M. Henri Réber, vice-président.

MM.	MM.
Tajan-Rogé, secrétaire.	Kastner.
Allyre Bureau, secrétaire-adjoint.	Jacques Offenbach.
A. Elwart.	L. Besozzi.
A. Thys.	Léon Kreutzer.
Aimé Maillart.	L. Massart.
Edmond Membrée.	Louis Lacombe.
Émile Prudent.	Lefébure-Wély.
F. Delsarte.	Meifred.
Félicien David.	Rosenhain.
Ferdinand Hiller.	Th. Gouvy.
F. Séghers.	Th. Schloesser.
G. Meyerbeer.	Tilmant aîné.
Gustave Héquet.	Vieuxtemps.
Henri Blanchard.	Victor Massé.
J. Armingaud.	

« Art. 3.

« Sont appelées à prendre part à ce concours toutes les sociétés chorales françaises ou étrangères, et toutes les écoles de musique quelconques, sous quelque titre qu'on les désigne, pourvu qu'elles atteignent au moins le chiffre de cinquante exécutants.

« Art. 4.

« Le programme du concours, arrêté par le jury, est ainsi composé :

« *Première épreuve.* Exécution de trois chœurs, appris à loisir, dont un morceau religieux, un morceau léger, et le troisième d'un caractère quelconque. Chaque société choisit ses trois morceaux, en se soumettant à la clause expresse de ne point prendre de morceaux politiques.

« *Deuxième épreuve.* Exécution d'un chœur inédit, composé exprès pour la circonstance, le même pour tous les concurrents, et qui ne leur sera délivré pour l'étude que vingt-quatre heures avant l'exécution publique. Ce chœur sera fourni par le jury.

« *Troisième épreuve.* Lecture à *première vue*, en solfiant, d'un chœur inédit, composé exprès pour la circonstance, le même pour tous les concurrents, et qui leur sera délivré séance tenante. Ce chœur sera fourni par le jury. Chaque Société lira sur l'écriture qui lui conviendra le mieux.

« *Quatrième épreuve.* Écrire un air sous la dictée. Cet air, inédit, fourni par le jury, et le même pour tous les concurrents, sera vocalisé à chaque Société par son directeur. Chacun des membres de chaque Société sera tenu de livrer au jury, sa copie écrite sur celle des huit clés et dans celui des quinze tons qui lui seront imposés par le jury.

« Art. 5.

« Une médaille d'or, de la valeur de *cinq cents francs*, offerte par M. Émile Chevé, sera décernée au vainqueur.

— 84 —

« ART. 14.

« Le présent règlement sera envoyé à toutes les Sociétés chorales et à toutes les écoles de musique connues. »

Une fois le jury constitué le concours devint son œuvre, comme il le dit lui-même en plusieurs endroits de son procès-verbal, duquel j'extrais la lettre suivante et un passage du discours du secrétaire-adjoint, M. Allyre Bureau, à l'ouverture de la séance du concours.

« Paris, le 1er mai 1853.

« *A son Excellence le ministre d'État et de la maison de l'Empereur.*

« Monseigneur,

« Un projet nouveau et plus large qu'aucun de ses devanciers, sur l'organisation des concours institués entre les diverses sociétés chorales et les diverses écoles de musique, a été formulé dans le but de les rendre à l'avenir aussi fructueux que possible, au point de vue de la vulgarisation de la musique chorale dans les masses.

« Ce projet, présenté, il est vrai, par un simple particulier, M. Émile Chevé, qui lui a consacré un prix de 500 fr., a paru rationnel à un très-grand nombre de gens spéciaux, et, parmi eux, trente et un compositeurs et artistes allemands ou français ont accepté la mission de se constituer en jury, pour l'application pratique de ce même projet.

« Profondément convaincu de sa haute utilité et de sa portée générale, *le jury a fait de ce concours son œuvre*, en a dressé lui-même le règlement et a cru devoir faire appel au gouvernement, pour obtenir de lui un de ces encouragements modestes, très-souvent accordés en pareille circonstance.

« Nous le répétons, Monseigneur, nous n'avons vu dans le programme du concours projeté, et nous n'y voyons encore, que les germes d'une idée féconde : voilà pourquoi nous en avons accepté le patronage; voilà pourquoi nous avons eu l'honneur de vous adresser nos deux précédentes lettres.

« Non, certes, le jury ne représente pas *le concours de M. Chevé;* ses attributions sont d'un ordre plus élevé et, partant, plus général. Une lice est ouverte : toute institution publique, toute société privée a le droit de s'y produire; pour lui, les systèmes doivent complétement disparaître et ne plus se résumer, au moment de l'épreuve, que dans une appréciation toute de justice et de spontanéité artistique.

« En priant votre Excellence de vouloir bien excuser la nécessité de cette trop longue lettre, nous avons l'honneur de nous dire, avec le plus profond respect, Monseigneur,

« Vos très-humbles et très-obéissants serviteurs,

« Le président du jury, HECTOR BERLIOZ. — Le vice-président, HENRI RÉBER.— Le secrétaire, TAJAN-ROGÉ. — Le secrétaire-adjoint, ALLYRE BUREAU. »

Voici les paroles de M. Allyre Bureau :

« Tenant, en quelque façon, à faire son œuvre de ce projet, le jury a discuté,
« signé et lancé des programmes, sous sa responsabilité propre, à Paris, dans les
« départements et dans les pays étrangers voisins, en donnant aux diverses écoles ou
« Sociétés chorales jusqu'au 1er mai dernier pour s'inscrire. Comme à cette date,
« nulle Société, excepté celle de M. CHEVÉ, n'avait encore répondu affirmativement
« à son appel, il a prorogé, jusqu'au 5 du présent mois, la clôture définitive des
« inscriptions. »

Comment, après avoir lu tous ces documents et beaucoup d'autres que la longueur de mon travail m'oblige à négliger, M. Halévy a-t-il pu écrire sérieusement : *le concours de M. Chevé, la proposition de M. Chevé?..* Qui donc — pour employer les paroles de M. Halévy — a écrit ici ce qui n'est pas la vérité?... Ce n'est pas moi.

M. Halévy a écrit qu'on n'avait pas répondu à *l'appel* de M. Chevé. Lisez les deux lettres suivantes, lecteur, et dites encore si on a le droit de dénaturer ainsi les faits les plus authentiques, et si M. Halévy devait se permettre d'écrire ce qu'il a écrit.

Voici comment et *par qui* les Sociétés chorales et les Orphéons ont été invitées à prendre part au concours, et comment ont été faites les *annonces* permanentes; je copie le procès-verbal du concours.

« Le 10 février, le *Règlement et Programme* fut rendu public, distribué à profusion et envoyé à toutes les Sociétés chorales et à toutes les écoles de musique connues, avec la lettre qui suit :

« Paris, le 10 février 1853.

« Monsieur,

« Nous avons l'honneur de vous adresser le Programme et le Règlement d'un concours auquel sont conviées toutes les Sociétés chorales de France et de l'étranger.

« Nous serions heureux d'y voir prendre part la société que vous dirigez Si telle est son intention, nous vous prions de vouloir bien, aussitôt décision prise, en donner avis au secrétaire du jury du concours, M. Tajan-Rogé, rue Neuve-Bréda, 22.

« Le concours étant fixé au mois de juin prochain, les inscriptions des concurrents ne pourront être reçues que jusqu'au premier mai, terme de rigueur.

Agréez, Monsieur, l'assurance de notre considération très-distinguée,

« Le président, H. BERLIOZ. — Le vice-président, HENRI RÉBER. — Le secrétaire, D. TAJAN-ROGÉ. — Le secrétaire-adjoint, ALLYRE BUREAU. »

Bientôt après, ce même *Règlement et Programme* fut également expédié à plus de *deux cents* journaux, tant français qu'étrangers, et accompagné de la lettre suivante, écrite au nom du jury :

« Paris, le 12 février 1853.

« Monsieur,

« Dans l'intérêt de la musique et très-spécialement de la vulgarisation de cet art auprès des masses encore si arriérées en France; désirant encourager, par tous les moyens en notre pouvoir, cette branche intéressante de l'éducation publique, dans laquelle l'Allemagne et la Belgique nous sont si supérieures, et confiants, dès à présent, sur l'appui que vous savez prêter à tout ce qui est utile, noble et patriotique, nous venons recommander à votre sollicitude le projet de concours ci-joint, et vous prier de lui donner dans votre journal une publicité digne du grand objet qu'il se propose.

« Avec nos remercîments anticipés, veuillez recevoir, Monsieur, l'assurance de notre considération la plus distinguée.

« Pour le jury musical du grand concours national et international.

« Le président, H. BERLIOZ. — Le vice-président, HENRI RÉBER. — Le secrétaire, D. TAJAN-ROGÉ. — Le secrétaire-adjoint, ALLYRE BUREAU. »

M. Halévy, qui sait lire, a lu toutes ces pièces qui prouvent jusqu'à la dernière évidence que l'œuvre du concours est bien celle du jury et que, si l'idée en appartient à M. Chevé, la mise en action, la réalisation, la responsabilité, n'appartiennent qu'aux trente et un membres du jury, et que personne, — pas même M. Halévy — n'a le droit de dire et surtout d'écrire le contraire. En refusant de prendre part au concours, ce n'est donc pas M. Chevé que l'on a refusé : ce sont les trente et un signataires du règlement. Et, pour citer encore les propres paroles de M. le secrétaire perpétuel de l'Académie des Beaux-Arts: « Et rien n'autorise M. HALÉVY à dire le contraire de ce qui est, » j'ajoute : rien ne l'autorise à transformer une œuvre grande, utile et frappée au coin de la loyauté la plus chevaleresque, en une pasquinade dans laquelle M. Chevé aurait abusé de la complaisance de trente et une personnes honorables, si haut placées dans l'estime publique... Non, Monsieur, rien n'autorisait, de de votre part, cette conduite que rien ne peut justifier...

M. Halévy écrit encore : « Maintenant, M. Halévy demande à M. Chevé quel tort il lui a fait en s'abstenant. Sa présence eût-elle changé les destinées du concours ? »

M. Halévy fait ici une confusion fâcheuse : je ne me suis jamais plaint du tort que m'avait fait M. Halévy ; je suis habitué depuis trop long-temps à ne pas m'inquiéter du tort que l'on me fait. J'ai dit, et je répète que M. Halévy a toujours opiniâtrement refusé de voir *en action* l'instrument qu'il a condamné sans le connaître, prétendant qu'il avait lu le livre dans lequel il n'a pas remarqué 80 pages de musique écrites sur la portée... Un autre membre de l'Institut avait aussi condamné la locomotive, avant de l'avoir vu fonctionner... Depuis, il a déchiré son jugement, comme le fera M. Halévy, le jour où il viendra voir fonctionner la méthode qu'il repousse... Ce reproche, j'ai cru pouvoir l'adresser à M. Halévy, parce que, dans sa position toute spéciale, à la tête de l'enseignement, j'ai pensé qu'il était tenu, par devoir et par prudence, de suivre sérieusement tous les progrès, surtout quand ces progrès lui sont affirmés par des hommes compétents aux mêmes titres que lui et qui ont droit à toute son estime... Il a toujours et absolument refusé de voir ; cela le regarde. L'avenir dira s'il a eu tort ou raison... Devançant l'avenir, je dis, moi, qu'il a eu tort...

M. Halévy dit : « Qu'il se serait dispensé d'écrire cette lettre, celle de la page 80, s'il avait connu, à cette époque, 7 *novembre* 1852, les gracieusetés publiées par M. Chevé contre ses collègues et contre lui, et dont il n'a eu connaissance que *beaucoup plus tard*. »

Or, *le Coup de grâce*, auquel fait ici allusion M. Halévy, a paru en janvier 1854, et je l'ai déposé moi-même chez M. Halévy et chez tous les signataires du Rapport de 1850, auquel il répondait... M. Halévy a donc gardé pendant deux ans cette brochure sans la lire, alors que son nom se trouvait sur la couverture avec celui de ses quatorze collègues ? Aucun de ses collègues ne lui en a donc parlé ? il n'a même pas su que *la France musicale*, de MM. Escudier frères, avait publié une bonne partie du contenu de cet écrit ?... M. Halévy le dit ; on doit le croire...

M. Halévy termine ainsi sa première histoire :

« Mais quelle phase M. Halévy aurait-il eu à suivre ? Il n'y a pas eu de phases « puisque M. Chevé a concouru seul. Quant au résultat, il n'a pas été difficile à « apprécier. M. Chevé a concouru seul, ou plutôt il a COURU seul — (c'est moi « qui souligne) — dans le tournoi ouvert par M. Chevé ; M. Chevé a remporté le « prix offert par M. Chevé, et il a célébré dans une brochure le triomphe de « M. Chevé...

« Comme il sonna la charge, il sonna la victoire. » « Voilà le résultat. »

Ce paragraphe insultant a pour but de faire croire que le concours n'a été qu'une plaisanterie, tranchons le mot : qu'*une jonglerie ;* et qu'il n'a offert rien de sérieux, ni de la part du jury, ni de la part de M. Chevé. Nul ne peut le nier...

Le lecteur vient de voir comment et par qui a été organisé le concours ; eh bien ! M. Halévy a pour collègues au Conservatoire et à l'Institut, M. Hector Berlioz et M. Henri Réber ; qu'il ait l'obligeance de demander à M. Hector Berlioz, qui a déployé tant de zèle, de bon sens et d'énergie dans ses fonctions de président, si l'organisation du concours n'a pas été une chose sérieuse et très-sérieuse, et si le jury n'offrait pas aux concurrents toutes les garanties de justice et de loyauté désirables? Personne n'a osé venir, parce que personne, en dehors de notre école, ne, pouvait répondre aux exigences exorbitantes du programme. M. Halévy sait très-bien que cette abstention générale ne tient ni à la composition du jury ni à M. Chevé, mais bien au programme lui-même, qui était tout à fait en dehors de *l'instruction* des masses chorales.

Que M. Halévy veuille bien encore demander à M. Henri Réber, qui a suivi toutes les phases du concours et qui l'a présidé en l'absence de M. Hector Berlioz, retenu à Londres, si les éléments des expériences de lecture et d'écriture n'ont pas été préparés avec toutes les garanties voulues par la science et la loyauté, et si les expériences elles-mêmes n'ont pas été faites avec les précautions les plus sévères et les plus minutieuses, pour se mettre à l'abri de toute critique...

Ainsi, *le jury, pris tout entier dans le camp ennemi,* — je suis obligé de le répéter — se composait de trente et un membres, tous haut placés dans l'estime publique, par le talent et l'honorabilité.

Les éléments des expériences improvisées de lecture et d'écriture sous la dictée ont été fournis par le jury.—Bien plus, aux termes du règlement, c'était le jury seul qui devait faire les chœurs à lire à première vue. Eh bien ! par un excès de délicatesse, qui pouvait nous être fatal, puisque nous n'avions pas de concurrent, le jury, dans sa séance du 8 mai, cinq semaines avant l'ouverture du concours, a pris la décision suivante : « Des trois morceaux qui doivent être fournis : 1° chœur avec paroles « pour être appris en vingt-quatre heures ; 2° chœur sans paroles, pour être exécuté « à première vue, séance tenante ; 3° solfége à écrire sous la dictée ; le jury se pro- « nonce pour que *les deux premiers morceaux puissent être fournis par tous* « *compositeurs quelconques;* et pour qu'après examen sommaire de la convenance « des compositions, le sort décide de celui qui devra être exécuté. Le solfége, pour « être écrit sous la dictée, sera composé et livré séance tenante. » — Et toutes ces garanties réunies n'ont pas suffi pour que M. Halévy prît la chose au sérieux !

« Quant au résultat, dit M. Halévy, il n'a pas été difficile à apprécier. M. Chevé « a concouru seul, ou plutôt il a COURU seul, dans le tournoi ouvert par « M. Chevé. »

Permettez-moi, Monsieur, d'établir une petite distinction qui paraît vous avoir échappé.

Quand il s'agit de constater le degré de perfection avec lequel un morceau est chanté ou joué, il est utile d'avoir des points de comparaison, pour apprécier un mérite relatif. Quand il est question de juger des choses que tout le monde peut faire, plus ou moins, il faut les éléments de la comparaison, autrement le jugement n'est pas possible.

Mais quand il s'agit de résoudre un problème qui n'a pas encore été résolu; quand il s'agit de faire une chose qui n'a jamais été faite nulle part, il n'y a plus né-cessité absolue, pour juger, d'avoir plusieurs compétiteurs; il suffit qu'une seule partie résolve le problème, pour qu'il y ait expérience sérieuse, complète. Ceci est irréfutable. Un exemple mettra en évidence ce que je viens de dire :

Que deux chevaux, vainqueurs habituels dans les courses, concourent ensemble; je me trompe, COURENT ensemble, on constate lequel des deux a dépassé l'autre. Ici, la comparaison est absolument nécessaire pour pouvoir proclamer le vain-queur.

Mais que l'inventeur de la locomotive vienne vous dire : J'ai construit une ma-chine qui peut aller de Paris à Orléans en deux heures, traînant avec elle un régi-ment tout entier ; pour prouver la supériorité de mon moyen de traction, j'appelle au concours tous les plus fameux coureurs connus, et je donnerai un prix à celui qui fera le plus vite le trajet de Paris à Orléans... Tous les jockeys refusent le con-cours; le jury, exclusivement composé de membres du jockey-club, ordonne —

pour s'assurer que la chose est véritablement possible — que l'expérience sera tentée par la locomotive seule, puisque les jockeys la refusent ; la locomotive part seule et fait le trajet de Paris à Orléans en deux heures, emportant avec elle le jury et les assistants, à la grande stupéfaction de tous... L'expérience est-elle complète ? est-elle assez concluante ? Et les possesseurs de *coureurs*, qui ont refusé le combat, se-raient-ils bien venus, pour justifier leur prudente abstention, à dire que, la loco-motive ayant COURU seule, il n'y a pas eu de concours, et que, par conséquent, il n'y a pas de jugement possible ?... On leur répondrait : D'abord, pourquoi n'avez-vous pas concouru, puisque l'expérience, faite très-sérieusement et très-loyalement, était dirigée par un jury pris exclusivement dans votre sein ? Pourquoi vous êtes-vous abstenus ? Ensuite, voulez-vous recommencer l'expérience, soit seuls, soit con-curremment avec la locomotive et faire le trajet de Paris à Orléans en deux heures ? Non. Vous refusez encore ? Vous avez raison, parce que vous savez d'avance que vos chevaux ne peuvent faire quinze lieues à l'heure, en traînant un convoi à leur suite. Donc, l'expérience de la locomotive est parfaitement sérieuse et parfaitement con-cluante, parce qu'avant elle on n'avait jamais fait parcourir à un train de voyageurs quinze lieues à l'heure. — Donc, aussi, l'expérience du concours de 1853 est parfai-tement sérieuse et parfaitement concluante, parce qu'avant l'emploi de la locomo-tive Galin-Paris-Chevé, on n'avait jamais vu une grande masse, prise au hasard, arriver à lire si carrément des chœurs à première vue, à écrire sous la dictée et à transcrire une dictée sur toutes les clés et dans tous les tons. Cela est la vérité et tous les sarcasmes du monde n'y peuvent rien.

Voici, d'ailleurs, la réponse anticipée du jury aux insinuations de M. Halévy :

« Dans sa réunion du dimanche, 8 mai, le jury a dû prévoir le cas, devenu trop
« probable, où la Société chorale dirigée par M. CHEVÉ, se présenterait seule dans
« l'arène, et examiner la question de savoir si, dans ce cas, il y aurait lieu de tenir
« la séance à laquelle vous assistez aujourd'hui. Après *mûre* délibération, le jury a
« pensé que les épreuves imposées par le règlement du concours constituaient, par
« elles-mêmes, les éléments suffisants d'une appréciation éclairée. Pour lui, le com-
« bat ne pouvait être fini, parce qu'un seul combattant se présentait. A défaut de
« concurrent, ce combattant avait à s'attaquer à un programme tout aussi impor
« tant qu'inusité jusqu'à ce jour, nous le répétons à dessein. »

Terminons cet article par la reproduction du jugement du jury, sur chacune des quatre épreuves subies par l'école nouvelle et sur l'ensemble de l'expérience ; les insinuations de M. Halévy nous en font un devoir.

* PREMIÈRE ÉPREUVE. — M. ALLYRE BUREAU, *secrétaire-adjoint*, chargé d'appeler les épreuves, invite la Société chorale dirigée par M. CHEVÉ, à exécuter le chœur religieux appris à loisir, conformément au texte du *Règlement et Programme*.

« La Société chorale chante le *Kyrie* de la première messe solennelle de Lesueur. L'exécution, satisfaisante sous tous les rapports, ne laisse surtout rien à désirer pour la justesse et la précision.

DEUXIÈME ÉPREUVE. — « Le *Règlement et Programme* porte, pour cette épreuve, »
— dit à l'assemblée M. Allyre Bureau : — « *Exécution d'un chœur inédit, composé*
« *exprès pour la circonstance, et qui ne sera délivré pour l'étude, aux exécutants,*
« *que vingt-quatre heures avant l'exécution publique. Ce chœur sera fourni par le*
« *jury.* Pour satisfaire à ces conditions, le jury, dans sa séance du 5 juin dernier, a
« tiré au sort l'un des cinq chœurs qui avaient été admis par lui. Le morceau favo-
« risé a été mis immédiatement sous scellés, signé du président, et confié à une
« commission composée de MM. MEMBRÉE, ELWART et SCHLOESSER. Cette commis-
« sion, hier matin samedi, a brisé elle-même le scellé du morceau et l'a remis à
« M. CHEVÉ, qui en a opéré la traduction immédiatement. M. CHEVÉ a dû, dans la
« journée, faire autographier les parties séparées, et ce n'est que dans l'après-midi

« qu'il a pu les remettre aux concurrents. Les conditions du *Règlement et Pro-*
« *gramme* ont donc été plus que remplies. »

« Le chœur est exécuté avec un ensemble et une précision irréprochables. A la
demande générale du public, et avec l'approbation du président du jury, ce chœur est
chanté une seconde fois.

TROISIÈME ÉPREUVE. — « Le *Règlement et Programme* porte » — reprend
M. Allyre Bureau : — « *Lecture à première vue, en solfiant, d'un chœur inédit,*
« *composé exprès pour la circonstance, et qui sera délivré aux concurrents*
« *séance tenante Ce chœur sera fourni par le jury. Chaque Société lira sur*
« *l'écriture qui lui conviendra le mieux.* — Pour satisfaire à ces conditions, le jury,
« dans sa séance du 5 juin dernier, a tiré au sort 1 un des chœurs sans paroles qui
« avaient été acceptés par lui. Le morceau favorisé a été mis sous scellés et revêtu
« de la signature du président du jury. Ce matin, à 7 heures, deux membres du
« jury, MM ELWART et TAJAN-ROGÉ (1), ont brisé le scellé et assisté à la traduc-
« tion en chiffres du morceau. Aussitôt la transcription opérée, le tableau a été plié,
« tel que vous le voyez au fond de la salle, derrière les exécutants, et ses deux ex-
« trémités ont été scellés. La toile va être dépliée dans un instant, et ce n'est qu'au
« moment de lire que les chanteurs devront jeter les yeux sur le morceau. »

« On procède au brisement des scellés et au déploiement du tableau. Les exécutants
tournent toujours le dos. M. CHEVÉ donne le ton, puis, sur un signal, les chanteurs
se retournent et exécutent le chœur désigné par le sort — *entrée de fugue à quatre*
voix et à deux sujets, — avec un ensemble, une précision, une vigueur, qui provoquent dans toute la salle de vifs applaudissements, *auxquels le jury, lui-même*
ne peut s'empêcher de prendre part.

« La Société chorale de M. CHEVÉ exécute le second des morceaux appris à loisir
(première épreuve), *Chœur des Buveurs* et *Prière du Comte Ory.* Ce morceau est
applaudi non moins que les précédents.

QUATRIÈME ÉPREUVE. — « Le *Règlement et Programme* porte, » continue M. Allyre Bureau : — « *Écrire un air sous la dictée. Cet air inédit, fourni par le jury,*
« *sera vocalisé à chaque Société par son directeur. Chacun des membres de chaque*
« *Société sera tenu de livrer au jury sa copie écrite, sur celle des huit clés et dans*
« *celui des quinze tons qui lui seront imposés par le jury.* — Pour satisfaire à ces
« conditions, le jury a choisi, il y a deux heures, parmi plusieurs solféges composés
« expressément pour cette circonstance, un air dont M. CHEVÉ, pour la commodité
« de sa dictée, a fait la traduction dans le mode qui lui est propre. Original et tra-
« duction sont restés entre les mains du jury. De plus, il a été préparé 185 feuillets
« de papier réglé, portant chacun une clé spéciale, et armés, chacun d'eux, d'un
« nombre différent de dièses et de bémols, depuis un jusqu'à sept. Je vais remettre
« en ce moment à M. CHEVÉ la traduction du solfége choisi, et les feuillets réglés
« sur lesquels chacun des exécutants doit l'écrire, dans le ton et à la clé indiqués en
« tête de chaque feuille, toutes paraphées à l'avance. »

« M. CHEVÉ procède à la dictée par la méthode qui lui est particulière, et qui demande trois opérations successives(2), correspondant à : 1° *L'intonation;* 2° *la division*
en mesures; 3° *la subdivision de chaque mesure.* — Cette dictée terminée, les exécutants lisent ensemble, dans la tonalité *d'ut,* l'air qui vient d'être dicté; *il est*
reconnu conforme au solfége fourni. Alors, chaque exécutant reçoit la feuille sur
laquelle il doit, *en notation ordinaire,* écrire le solfége qu'il vient de chanter, à la
clé et dans le ton indiqués en tête de chaque feuille. Les feuillets, mêlés à l'avance,

---

(1) M. Henri Reber, président du jury, assistait aussi à cette traduction.

(2) Aujourd'hui, la dictée se prend en une seule fois, par les élèves avancés.

sont distribués au hasard. Au bout de dix minutes, des copies commencent à être envoyées au Jury ; au bout de vingt minutes environ, une centaine de copies ont déjà été remises. L'examen successif qui en est fait par les membres du jury, démontre que le nombre des copies exactes et celui des copies ne contenant que des inexactitudes légères, est assez grand, relativement à la masse qui seule est en cause, pour qu'il puisse prononcer que l'épreuve de la dictée est suffisante ; en conséquence, le Jury invite M. CHEVÉ à ne pas pousser plus loin cette épreuve (1).

« Deux chœurs de la symphonie chorale de *Ruth et Booz*, de M. ELWART, poëme de M. Eugène Villemin, les *Moissonneurs* et l'*Orage*, sont exécutés par la Société de M. CHEVÉ. Cette exécution, qui complète la première épreuve, provoque des applaudissements unanimes.

« Immédiatement après, le jury se retire dans la salle des délibérations.

« Peu de temps après, le jury rentre dans la salle. M. ALLYRE BUREAU, chargé de porter à la connaissance de l'assemblée la décision du jury, s'exprime ainsi :

« Mesdames et Messieurs,

« La Société chorale dirigée par M. ÉMILE CHEVÉ, s'étant seule présentée pour « subir les épreuves du Concours, le jury a cru nécessaire de répondre avant tout « à une question préalable, en dehors de celles posées par le *Règlement et Pro-* « *gramme*. Cette question la voici :

« La Société chorale dirigée par M. CHEVÉ, a-t-elle subi d'une manière satisfai- « sante les épreuves imposées par le *Règlement et Programme* ?

« A L'UNANIMITÉ, le Jury a répondu : OUI ! »

---

(1) Voici cet air, que nous invitons M. Halévy à faire écrire sous la dictée, dans les écoles qu'il surveille.

Je le donne d'abord en écriture de Galin ; puis tel qu'il se trouve sur une des copies remises au jury. Celle-ci est revêtue du paraphe de M. J. Offenbach :

```
|| 5.4 5 .7 21 | 50 6 .6 32 | 1724 7 .6 54 | 2 . 3 0 |
|  03 57 34 37 | 21 .7 .6 71 | +26 745 27 .6 | 6 . 5 0 |
|  034 21 .7 67 | 13 5 . 5 | .6 34 634 563 | 5 .4 4 0 |
|  02 17 06 54 | 356 7 .56 32 | 13 44 53 .2 | 2 . 1 0 ||
```

« (Ces paroles provoquent dans l'auditoire des applaudissements chaleureux et prolongés.)

« A la première des questions posées par le *Règlement et Programme*: *Y a-t-il* « *lieu de décerner la médaille du Concours?* Le jury a répondu OUI, par douze « voix contre six (2). La minorité tient à déclarer que, dans son vote négatif, elle a « été mue seulement par le scrupule que voici : — La médaille étant offerte par « M. Chevé, et M. Chevé étant seul pour la disputer, M. Chevé semble dès lors se « décerner cette médaille à lui-même ; il y a là quelque chose d'anormal qui nous « porte (c'est la minorité qui parle) à nous en tenir à la déclaration résultant de la « réponse unanime à la première question. — La majorité a pensé, au contraire, « que, du jour où le jury s'était constitué et avait arrêté un *Règlement et Programme*, « le concours était *devenu sien*; que dès lors le jury n'avait plus à se préoccuper de « l'origine de la médaille, mais seulement de la question de savoir si cette médaille « avait été méritée. Elle a donc cru devoir s'en tenir aux termes mêmes du *Règle-* « *ment et Programme*, et répondre à la question de savoir s'il y avait lieu de décer- « ner la médaille du Concours.

« Cette question étant résolue par l'affirmation, il était superflu de poser la « seconde : — *Quel est le concurrent qui a mérité la médaille?* — puisque la So- « ciété dirigée par M. Chevé a seule affronté les épreuves.

« L'ordre du jour étant épuisé, M. le président déclare la séance levée.

« Certifié conforme à la vérité, et délivré à M. Emile Chevé, *directeur de la So-* *ciété chorale de l'École Galin-Paris-Chevé,* pour qu'il puisse en user selon son droit.

« Les membres du jury présents à la séance publique du 12 juin 1853, et réunis le 24 du même mois, en séance extraordinaire, pour entendre, approuver et signer, s'ils le trouvent bon, le présent HISTORIQUE :

MM. Henri Réber, *président du jury ;* Tajan-Rogé, *secrétaire ;* Allyre Bureau, *secrétaire-adjoint ;* J. Armingaud, L. Besozzi, Henri Blanchard, Félicien David, F. Delsarte, A. Elwart, Léon Kreutzer, Louis Lacombe, Lefébure-Wély, Aimé Maillart, Meifred, Edmond Membrée, Jacques Offenbach. F. Séghers, Th. Schloesser, A. Thys.

« Paris, le 24 juin 1853.

« Je déclare adhérer aux conclusions du présent procès-verbal. « Paris, le 24 juin 1853.

« L. Massart.

« Je déclare adhérer aux conclusions du présent procès-verbal. « Paris, le 30 juin 1853.

« G. Héquet.

« Je déclare adhérer aux conclusions du présent procès-verbal. « Paris, le 2 juillet 1853.

« Rosenhain.

« Je déclare adhérer aux conclusions du présent procès-verbal. « Paris, le 13 juillet 1853.

« Le président du jury, Hector Berlioz. »

---

(2) « M. Lefébure-Wély, après avoir assisté à *toutes* les épreuves, est parti avant le vote, pour remplir ses fonctions d'organiste à la Madeleine. Voilà pourquoi le vote ne compte que dix-huit voix, bien qu'il y eût dix-neuf jurés présents à l'expérience. M. Lefébure-Wély a sanctionné, par sa signature, le jugement du jury. »

Au procès-verbal que l'on vient de lire, est annexée la pièce suivante :

« Dans cette même séance du 24 juin, le jury décida que le procès-verbal ne serait point soumis à l'adhésion des membres du jury qui n'avaient pris part à aucun des travaux du jury, soit pour cause d'absence, soit pour tout autre motif. C'est en vertu de cette décision que le procès-verbal n'a point été soumis à MM. ÉMILE PRUDENT, KASTNER, TH. GOUVY, H VIEUXTEMPS, G. MEYERBEER, TILMANT et VICTOR MASSÉ. Quant à M. FERDINAND HILLER, qui avait assisté aux travaux préparatoires, son absence de Paris n'a pas permis de lui soumettre le procès-verbal. »

Telle est la vérité sur le concours de Paris, qui obtint l'approbation générale du public, des artistes et de la presse. Pas une voix ne s'éleva contre. Et c'est après sept années de silence que M. Halévy vient s'inscrire en faux contre un acte solennel, accompli en public, sous les yeux des hommes les plus compétents et les plus intéressés à ne pas se laisser tromper, puisqu'ils étaient tous opposés à la chose qu'ils allaient juger ; acte qui restera comme une preuve de notre loyauté chevaleresque et de la justice impartiale de nos juges!... Et de quel droit M. Halévy vient-il infirmer le jugement de ses vingt-quatre confrères, qui ont vu, examiné, expérimenté, alors que lui, refuse absolument de voir?.

Que le public prononce entre M. Halévy et le Jury !...

Quant à nous, jugés par nos ennemis, nous nous sommes soumis à toutes les épreuves qu'ils nous ont imposées, nous en sommes sortis à notre honneur ; le jury l'a déclaré, à l'unanimité, aux applaudissements de quinze cents témoins : notre tâche est remplie... Tant pis pour ceux qui ne l'ont pas comprise!... Tant pis pour ceux qui n'ont pas compris tout ce qu'a eu de grand, de loyal et d'utile, cet acte sans exemple dans les fastes de la musique!...

ÉMILE CHEVÉ.

Paris, 6 avril 1860.

POST-SCRIPTUM :

Je reprenais ma plume pour dire que MM. Meyerbeer et Verdi avaient donné leur adhésion pleine et entière à la brochure de mes vingt et un adversaires, qui sont maintenant vingt-trois, lorsque j'ai eu connaissance de la pièce suivante qui ne peut manquer d'intéresser vivement tous les hommes raisonnables. Sachant que cette pièce allait être rendue publique, j'ai retardé l'apparition de ma réponse, pour pouvoir l'y insérer ; car cet acte de la commission de patronage ne peut manquer d'exercer une très-grande influence sur la découverte de la vérité. On va finir par où l'on aurait dû commencer : *Comparer d'abord* et *juger ensuite*, au lieu de *repousser sans avoir comparé*.

Grâces soient donc mille fois rendues à la Société de patronage, pour avoir enfin placé la question sur son véritable terrain. C'est à elle que la vérité devra de pouvoir enfin se faire jour, de quelque côté qu'elle vienne.

Merci pour son initiative toute spontanée !

Merci pour la confiance dont elle veut bien nous honorer ! Nous saurons nous en rendre dignes !

ÉMILE CHEVÉ.

Paris, 18 avril 1860.

RÉPONSE A LA BROCHURE

INTITULÉE

« OBSERVATIONS DE QUELQUES MUSICIENS ET DE QUELQUES AMATEURS DE MUSIQUE
« SUR LA MÉTHODE DE MUSIQUE DE M. LE DOCTEUR CHEVÉ »

PAR

LE COMITÉ DE PATRONAGE DE LA MÉTHODE ENSEIGNÉE PAR M. CHEVÉ

Une brochure signée des noms les plus honorables et les plus justement renommés au point de vue musical, vient d'être publiée dans le but de combattre le système de musique enseigné par M. Chevé. Cette brochure est intitulée :

« *Observations de quelques musiciens et de quelques amateurs de musique sur la méthode de musique de M. le docteur Chevé.* »

Depuis plus de vingt ans que MM. Paris et Chevé enseignent la méthode dont J.-J. Rousseau et Galin ont posé les premières bases, jamais attaque aussi redoutable n'a été dirigée contre eux. Nous étant, avant la publication de cette brochure, réunis pour patroner le système d'enseignement qu'elle combat, il nous a paru convenable d'exposer les motifs qui nous ont déterminés à le défendre.

Une grande partie de la brochure a pour but d'attaquer la forme plus ou moins convenable employée quelquefois par M. Chevé dans sa polémique. Nous sommes loin de défendre les vivacités auxquelles il s'est laissé entraîner ; mais il nous semble que la forme peut être mauvaise sans que pour cela le fond soit condamnable.

Nous n'avons pas à répondre à la partie théorique de la brochure ; c'est à M. Chevé à le faire ; mais comme nous nous trouvons engagés dans la question par le fait de l'appui moral que nous avons prêté à sa méthode, nous devons préciser le but que nous nous sommes proposé et essayer de démontrer que, loin d'être hostiles au Conservatoire, nous n'avons cherché qu'à lui créer des auxiliaires.

Nous n'avons jamais prétendu, à l'aide de la méthode Galin, Paris et Chevé, faire des chanteurs émérites, des instrumentistes habiles ou de savants compositeurs de symphonies et d'opéras, cela est l'affaire du Conservatoire ; notre but est tout autre :

« Apprendre très-rapidement aux masses à lire couramment la musique et à chanter en chœur, ce qui est, pour les ouvriers, une grande distraction et un bon emploi de leurs loisirs ; — contribuer à développer le goût de la musique dans le peuple et aider à découvrir des voix et des organisations musicales qui deviendraient des recrues pour le Conservatoire, la Maîtrise et le Théâtre ; — simplifier les moyens d'écrire la musique vocale et rendre le prix de la copie presque nul, pour que les jeunes compositeurs, pour lesquels ces frais sont généralement un obstacle, puissent plus facilement faire entendre et juger leurs œuvres ; — rendre l'impression de la musique à si bon marché que les classes les plus pauvres puissent avoir leur bibliothèque musicale ; — faire connaître les chefs d'œuvre de MM. Auber, Carafa, Halévy, etc., à tous ceux qui, trop pauvres pour acheter leur musique, pourront se la procurer lorsqu'elle sera reproduite par le système de Galin. »

« Voilà ce que nous nous sommes proposé.

« Profondément convaincus que l'habitude prise par les ouvriers de se réunir les jours fériés et le soir, après le travail, pour chanter en chœur, ne peut manquer d'avoir pour eux les conséquences les plus moralisatrices, nous nous sommes réunis pour patroner la méthode Galin, Paris et Chevé, parce qu'elle nous a paru permettre mieux que toute autre d'atteindre ce but (1). »

La musique et la morale y trouveront donc chacune leur part.

---

(1) Extrait d'une lettre adressée à LL. EE. les ministres d'État, de l'Instruction publique et de l'Intérieur, en date du 19 janvier.

Les élèves du Conservatoire, que l'on cite et que l'on oppose aux élèves de M. Chevé, font, de la musique, une étude spéciale, tandis que ces derniers sont presque tous des ouvriers qui ne consacrent à l'étude du solfége que quelques heures par mois, et cependant, dès qu'ils savent lire la musique par la méthode Galin, ils se mettent très-vite au courant du système usuel de notation, que nous ne cherchons d'ailleurs pas à détruire. Nous ne le traitons pas d'illisible : mais nous ne pouvons pas nous empêcher de reconnaître qu'il est très-long et très-difficile à apprendre, et que très-peu d'initiés lisent la musique couramment.

Les auteurs de la brochure repoussent toute idée de modification à un système graphique en usage, disent-ils, depuis huit cents ans. L'ancienneté ne fait pas toujours le mérite, et tout progrès vient à propos.

Nous ne saurions trop le répéter, nous ne voulons rien combattre, rien détruire ; suivant nous, la méthode employée par M. Chevé est un moyen plus simple et plus rapide d'apprendre la musique aux masses chorales.

Si vingt années de succès n'ont rien prouvé, si nous sommes dans l'erreur, si nous patronons un système mauvais et nuisible, nous ne demandons qu'à être convaincus, mais non pas convaincus par une polémique qui n'a que trop duré.

Voilà ce que nous proposons :

En présence des signataires de la brochure et des membres formant la commission de patronage :

1° Que chaque école expose scientifiquement, au tableau, ses principes et ses moyens d'action ;

2° Que des expériences pratiques et comparatives soient faites sur les résultats déjà obtenus de part et d'autre ;

3° Que deux expériences parallèles, sur deux masses tout à fait étrangères à la musique, soient tentées, l'une sous la direction de MM. Pasdeloup et Bazin, directeurs de l'Orphéon, ou de toute autre personne qu'il plaira aux signataires de la brochure de désigner, l'autre sous la direction de M. Chevé. Ces trois expériences faites, on saura définitivement à quoi s'en tenir, et, une fois édifié, on cessera, de part et d'autre, une polémique inutile et indigne de l'art.

Si M. Chevé prêche une fausse doctrine, elle sera écartée à tout jamais.

S'il triomphe, il aura prouvé que la méthode qu'il enseigne est bonne comme moyen élémentaire et préparatoire, et il n'en résultera pas pour cela qu'il faille brûler les bibliothèques musicales et fermer le Conservatoire, ni même y introduire son système.

S'il est démontré que certains points de la méthode de MM. Galin, Paris et Chevé sont bons, on les laissera subsister et se propager par la force des choses, sans y porter obstacle, et les points erronés seront écartés.

Nous sommes convaincus que les personnes illustres et honorables qui ont rédigé et signé la brochure, ne refuseront pas de se joindre à nous. Ce n'est pas une lutte que nous demandons, ce n'est pas même un concours, c'est un examen fait avec une bienveillance mutuelle, profitable à l'art et destinée à faire cesser toute polémique.

Les uns et les autres nous cherchons la vérité ; nous la trouverons mieux ensemble.

> Comte de Morny, président du Comité de patronage ; — Prince Poniatowski, vice-président ; — Comte Olympe Aguado, — Comte Onésime Aguado, — Général de Courtigis, — Félicien David, — Baron Dubois, — Gevaert, — Lefébure-Wély, — Magin-Marrens, inspecteur-général de l'enseignement primaire ; — Edmond Membrée, — Comte Joachim Murat, — Neukomm, — Offenbach, — Ravaisson, membre de l'Institut ; — Marquis de Sampieri, — Ernest L'Épine, secrétaire du Comité.

Paris, 16 Avril 1860.

TABLE DES MATIÈRES

FIN.

Paris. — Imprimerie L. Tintrelin et Cⁱᵉ, rue Neuve-des-Bons-Enfants, 3.

LA
RÉFORME MUSICALE

JOURNAL DES DOCTRINES

DE L'ÉCOLE GALIN-PARIS-CHEVÉ

Prix : 15 fr. par an.

On s'abonne à Paris, rue du Dragon, 30, chez M. L. Rossi, rédacteur en chef et propriétaire-gérant.

Paris, imp. de L. Tinterlin, rue Neuve-des-Bons-Enfants, 3.